Apprendre au lycée

Jean-Paul Bréziat

Apprendre au lycée

Essai

LE LYS BLEU
ÉDITIONS

ISBN : 979-10-377-9022-4

Pour Lou, Daphnée et Paul : lycéens.
Et pour Anna, future lycéenne !

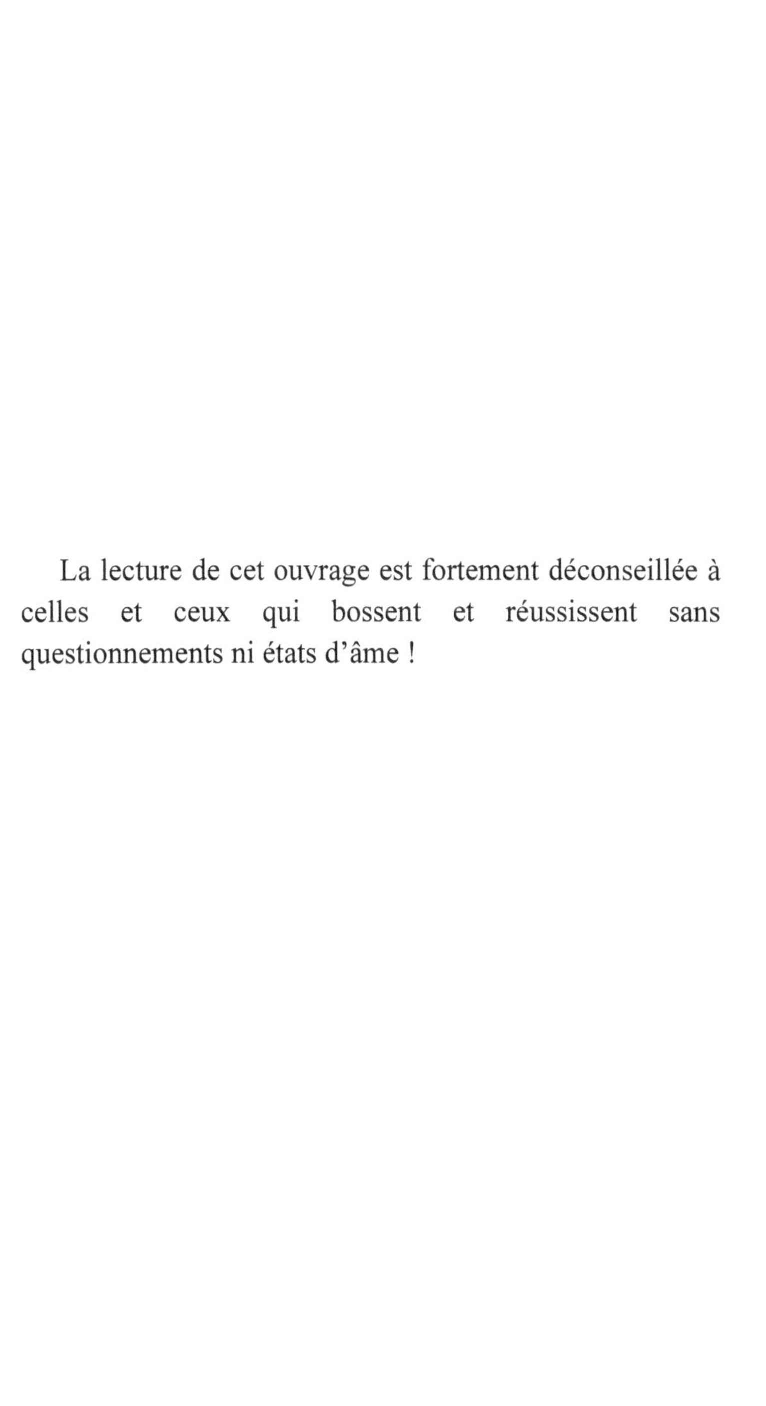

La lecture de cet ouvrage est fortement déconseillée à celles et ceux qui bossent et réussissent sans questionnements ni états d'âme !

Introduction

L'acte d'apprendre est au cœur de l'École

Il concerne au premier chef les élèves, car c'est d'abord à eux qu'il pose des difficultés. Cependant, il faut bien le reconnaître, la technique et la méthodologie de l'apprentissage sont souvent occultées dans le parcours scolaire des élèves, et d'une façon générale, très peu d'enseignants leur parlent de méthodes ou de procédures d'apprentissage. On dirait que seuls les pédagogues, les spécialistes de l'éducation ou les didacticiens peuvent échanger entre eux sur ce sujet. Le mot « apprentissage » serait-il donc un gros mot lorsqu'il s'adresse aux élèves ? Pourtant, lors d'une panne d'auto, qui ne prend pas la peine d'écouter son mécanicien lui dire quelle pièce est défectueuse ? Pourquoi ? Comment sera-t-elle remplacée ? Quel sera le coût des réparations ? Pourquoi ça ira mieux après ? Etc. Eh bien ! Cette démarche répond à la même logique : avoir une idée sur le « Comment ça marche ? » c'est-à-dire, les savoirs procéduraux.

Aujourd'hui, grâce au développement considérable des sciences humaines, beaucoup de choses ont changé dans le monde de l'éducation, qui peuvent être intéressantes à découvrir. Notamment sur le rapport maître – élève et sur les moyens de transmission des connaissances. Il y a moins de 60 ans, les punitions et les brimades étaient de mise à l'école et planaient sur l'ambiance de la salle de classe.

Le bonnet d'âne, les coups de règle sur les doigts et les lignes à copier étaient la hantise des élèves en difficulté. La soumission de l'élève était une pratique courante et occasionnait de très nombreuses ruptures définitives avec l'école. Seuls avaient le droit de poursuivre leurs études les élèves soumis à l'autorité arbitraire du maître, ou les bons élèves, ceux qui arrivaient à satisfaire à leurs exigences.

Aujourd'hui, ce genre de rapport, de dominant à dominé s'est bien amélioré, l'heure est venue de la collaboration entre maître et élève. Un principe qui rétablit un peu d'égalité pour tous et redistribue les chances de terminer ses études au sein de l'institution scolaire. Certes, il reste encore un long chemin pour que tout le monde soit « en phase », mais je pense que grâce à quelques avancées sur les méthodes et les procédures, que nous allons tenter d'expliciter ici, nous sommes sur la bonne voie.

Ainsi, nous pouvons le constater : beaucoup d'enseignants considèrent maintenant que le rapport éducatif est en effet un rapport à deux pôles, Élève et Maître, avec un fil virtuel reliant l'un à l'autre, afin que le courant passe dans les deux sens. Il s'agit donc, là, d'une communication bipolaire, d'une mise en relation des deux extrémités du fil, comme jadis le téléphone.

C'est en pensant à vous, jeunes ados qui, au lycée, nous disent souvent « s'en prendre plein la tête, car c'est dur d'apprendre ! » que je pose cette double question :

Comment apprend-on ?
Que se passe-t-il quand on apprend ?

Car c'est exact : apprendre représente, pour une majorité d'enfants, une énorme difficulté. Ce n'est jamais automatique et ça ne se fait jamais par hasard.

Ce propos est donc une invitation à découvrir quelques-unes des procédures mises en œuvre, pour vous, par vos enseignants, à l'école. Il a pour but de répondre à quelques questions au sujet d'un acte qui, loin d'être anodin, prend une place énorme dans la vie des adolescents, et qui, finalement, détermine une bonne partie de la vie d'adulte. Mais heureusement pas tout ! car par expérience, je sais que toute la vie ne se joue pas à l'École.

L'objectif est donc de présenter et de faire découvrir un peu mieux l'acte d'apprendre à vous, qui avez la tâche de recevoir un contenu d'apprentissage au lycée, de rendre cette tâche plus consciente et plus active, et de vous aider ainsi à mûrir, grandir, changer : à vous construire en somme !

Voilà, pour celles et ceux qui auront le courage de le lire, un essai sans prétention, non exhaustif, mais qui peut, modestement vous éclairer sur la notion de méthode.

L'enjeu : tirer le meilleur profit de vos capacités, sachant qu'elles ne sont pas toujours exploitées rationnellement et qu'une bonne méthode est, je pense, un premier pas vers une bonne efficacité.

Un poncif à méditer : L'ignorance, elle, ne s'apprend pas !

Chapitre 1
Le système ressources-contraintes

Cela pourrait commencer comme dans une histoire ou un roman : il était une fois notre famille au complet, sous la tonnelle, dans le jardin, un dimanche d'été chaud et tranquille. Le repas venait de se terminer. Les « grands » avaient quitté la table pour une balade digestive, et, avec mes trois petits collégiens (bientôt lycéens), Paul, Lou et Daphnée, nous n'avions pas voulu les suivre, préférant continuer à deviser sur quelques sujets que nous avions en commun.

Alors que je m'enquérais des projets des uns et des autres, la discussion nous amena vite vers des propos plus généraux sur l'École, ses principes, son rôle, et puis, rapidement, elle évolua sur le terrain de l'apprentissage. De l'apprentissage scolaire bien sûr !

LOU : « L'École, c'est dur Papy ! C'est fatigant ! C'est stressant aussi pour les ados ! »

« L'École Papy, elle nous gâche la vie, tu as bien de la chance d'être à la retraite toi ! » m'entendis-je asséner par Daphnée, comme une accusation, ou du moins comme une provocation au vieux prof.

Eh oui ! Il faut bien le reconnaître, par les problèmes qu'elle pose aux enfants, par les soucis qu'elle engendre, l'École prend une grande place dans leur vie, en temps, en investissement, et en stress aussi. « Qui a eu cette idée folle un jour d'inventer l'École ? » nous chantait France Gall dans les années soixante. J'ai bien retenu les paroles…

Alors, coupant court à toute réflexion, au risque de les surprendre, ou de les choquer, je pris le parti de répondre à leur provocation par une autre provocation :

« Oui ! bien sûr mes enfants ! Je suis d'accord avec vous ! L'École pose problème. C'est même précisément à cela qu'elle sert, et grâce à cela qu'elle est utile. Je dirais même : l'École est un problème en soi, car on y va pour apprendre, et ceci est certainement l'une des choses les plus complexes qui soient. En effet, apprendre c'est changer, c'est évoluer. Le grand maître Protagoras, philosophe dans la Grèce antique, disait "En sortant de son enseignement, on devient un autre". Et tout changement sur soi est dur à assumer. Regardez ! Moi, désormais je dois entrer peu à peu dans la peau d'un vieillard… C'est un changement physique qui n'est pas évident à opérer. Il entraîne de nombreuses mutations, de nombreuses réflexions. La vie n'est donc pas linéaire, vous pouvez le constater sur vous et autour. Vous avez déjà changé considérablement depuis que je vous connais. La vie de chacun est faite d'alternance entre les périodes troublées et d'autres, plus stables et plus tranquilles. » Et tout cela fait la vie.

Et je tentai de préciser ma pensée par une autre assertion philosophique « Tout ce qui ne t'abat pas te rend plus fort ». C'est ainsi que parlait Nietzsche, un autre philosophe, mais du XIXe siècle, celui-là. « Il voulait dire que c'est dans l'épreuve surmontée que l'on puise sa force. Suivez-moi bien ! » Et j'essayai d'être plus clair : l'apprentissage scolaire fonctionne en grande partie sur ce qu'on appelle le système **« ressource-contrainte ».**

Chacun d'entre nous, à tout moment de sa vie, possède en lui un certain nombre de ressources, variables suivant son âge, et sa formation. Ces ressources sont en somme notre force du moment, nos atouts, l'ensemble de ce que l'on sait, de ce que l'on peut, de ce que l'on possède déjà pour gérer et organiser notre vie. À l'École, ces ressources prennent la forme de savoirs, d'expériences propres ou d'acquis antérieurs.

Le principe de l'École, chaque jour, à chaque moment, dans chaque discipline, est de placer devant les ressources de l'élève, des contraintes. Ces contraintes sont autant d'obstacles ou de difficultés à surmonter. Elles sont vécues comme des problèmes qui ne se résolvent qu'avec la mobilisation de ce que vous avez déjà en vous : vos ressources personnelles. Comprenez-vous ?

Ainsi donc, ce que l'on appelle la culture scolaire s'acquerra grâce à ce conflit « ressources-contraintes-mobilisations des ressources pour résoudre ces contraintes – solutions – nouvelles ressources », etc. Voilà le principe de l'École, c'est ça le système « ressources-contraintes ». Chaque problème résolu débouche donc, grâce à la mobilisation, sur des acquis nouveaux, des potentialités augmentées, et surtout sur des savoirs nouveaux. C'est comme une nouvelle source prête à jaillir.

Ce croquis essaie de schématiser la mécanique des ressources nouvelles suite au conflit ressources-contraintes.

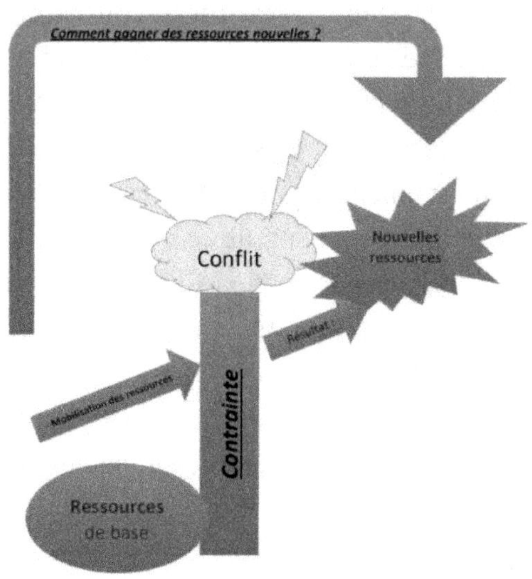

Comment gagner des ressources nouvelles ?

Conflit

« En résumé, si vous m'avez bien compris, le principe de l'École est donc d'utiliser et de s'appuyer sur nos acquis pour apprendre du nouveau, ce qui fait dire aux pédagogues que les apprentissages ne s'additionnent pas, mais ils se construisent à partir de ceux que l'on a déjà.

Alors ? Convaincus ? Comprenez-vous maintenant pourquoi l'École est un problème en soi ? »

Pas de réponse. Un ange passa !

Puis, à peine, ce propos fut-il terminé qu'un autre sujet de discussion arriva entre nous.

« Peux-tu nous dire Papy à quoi sert d'apprendre le latin ? Plus personne ne le parle aujourd'hui ! Et puis l'histoire de l'art ? D'accord pour les langues qui nous permettent de communiquer avec les étrangers, les maths pour compter ou le français qui nous sert à lire, comprendre et bien écrire, mais avoue-le, Papy : on se demande à quoi servent certaines disciplines ? Et on nous force à les pratiquer ! »

Voilà la question sur laquelle il fallait « plancher » ensemble, car bien sûr, on savait que c'était un défi lancé à l'aïeul, et on voulait, tout naturellement, le mettre en difficulté.

Le problème était donc de justifier l'injustifiable, d'expliquer l'inexplicable, ou de convaincre l'incrédulité sur le sens donné à certaines disciplines scolaires. Cette question étant posée, de la façon la plus logique et la plus innocente qui soit, par trois jeunes élèves qui n'ont qu'un souci : bien travailler à l'École, d'abord pour faire plaisir à leur famille, à leurs professeurs, puis pour avoir, comme le disent Papa-Maman « un bon métier plus tard. »

Pourquoi donc apprendre des matières dont on ne devine pas l'utilité ni le sens ?

Malheureusement, l'état de grâce ne dure jamais longtemps. Rapidement, la tempête revint avec le retour des « grands » et avec eux, le lot de rires et de jeux face auxquels notre petit entretien ne pesa pas lourd.

Cette dernière question resta donc en suspens et avec elle aussi, naturellement, la réponse.

Interrompus dans notre élan par mes « grands » et mes « tout-petits », vociférant d'arrêter de « discuter sérieux » et de se « prendre la tête pendant les vacances avec ces choses-là ! » Fallait-il donc que nous abandonnions en cours de chemin cette réflexion ?

Manifestement, il y avait frustration chez nous…

Je décidai donc d'exploiter cette situation privilégiée d'attente, et je proposai de continuer par l'épistolaire (l'écrit), cet entretien avec mes chers petits ados.

Voici donc, quelque temps après cet épisode, ce que je leur proposai pour donner suite à cette conversation interrompue.

La mission de l'école

D'abord pour préciser le rôle réel de l'École, nous commencerons par en circonscrire les limites. L'école élémentaire ou secondaire n'est pas chargée de proposer une qualification. Elle a en charge une mission précise, qui se résume en trois idées assez proches les unes des autres :

1/Éduquer : du latin « ducere » signifiant conduire.

2/ Enseigner : venant de « signare » qui évoque le signe, la direction.

3/ Instruire : qui vient de « struere » ; construire, élever.

Si vous voulez une image, l'École est un peu comme une route qui monte. Cette ascension symbolise votre croissance, accompagnée par tout ce que vous apprennent vos maîtres. Tout cela aboutissant, au sommet de la côte, à un ensemble de savoirs à utiliser pour la formation spécifique qu'exigera votre projet professionnel et votre insertion dans la société.

L'École n'est donc pas un lieu de formation comme on pourrait l'entendre dire dans ces moments de crise, où l'angoisse est forte de trouver du travail, et si possible un travail qui convient à chacun. C'est un endroit où l'on acquiert ce qu'il est convenu d'appeler « la culture scolaire ».

L'École ne forme pas les élèves, mais les accompagne et les guide. Donc ne confondons pas éducation, enseignement ou formation avec développement.

Nous remarquerons d'ailleurs que l'Administration qui régit l'École ne s'appelle pas le ministère de la Formation, mais le ministère de l'Éducation nationale. Nous éclairerons cet avis par une pensée d'Albert Einstein, ce grand savant qui découvrit la loi sur la relativité, et qui disait : « L'École devrait avoir pour but de donner à ses élèves une personnalité harmonieuse, et non les transformer en spécialistes. » Bien qu'Einstein vécut au siècle dernier, cette phrase est encore vraie aujourd'hui.

Cette remarque préliminaire sur le rôle de l'École n'est pas anodine, elle veut préciser pourquoi il n'est pas inconcevable de pratiquer des matières dont l'utilité n'apparaît pas évidente pour la vie courante.

« Les disciplines que vous me citez, comme le Latin, l'histoire de l'art ou d'autres, jouent simplement le rôle que jouent dans la préparation d'un sportif l'entraînement, la musculation, les assouplissements ou l'amélioration des qualités physiques générales… » C'est-à-dire qu'elles permettent d'accéder à des compétences qui serviront à en assimiler d'autres, par exemple la réflexion, la compréhension, l'argumentation, etc. Elles forment ainsi un socle solide sur lequel on pourra bâtir des connaissances utiles et exploitables.

C'est avéré scientifiquement maintenant, l'apprentissage du Latin développe l'intelligence par des compétences comme l'analyse ou la logique. D'autres disciplines que vous dites inutiles développeront l'esprit critique ou bien la mémoire. Les disciplines artistiques joueront sur le développement du goût, de l'esthétique, de l'émotion, d'autres sur la culture générale. Autant de compétences qui sont nécessaires pour une bonne maturité et une bonne insertion sociale. C'est donc par cet aspect-là de l'École qu'il faut y chercher un sens. En langage savant, nous appelons ça les prolégomènes, c'est-à-dire un préalable, une préparation à la formation d'adulte professionnel qui vous attend plus tard, après le baccalauréat. L'enjeu est donc clair et précis, et en plus, il est de taille.

Je vous propose maintenant de nous interroger sur un point susceptible de répondre à l'un de vos soucis majeurs :

L'apprentissage : comment ça marche ?

Chapitre 2
Apprendre

Apprendre, littéralement c'est prendre pour soi. C'est donc s'approprier une valeur qui s'ajoutera à l'ensemble d'autres valeurs que nous possédons déjà, et sur lesquelles nous construisons une personnalité éduquée, cultivée et sociable.

Pendant longtemps, on a cru qu'il suffisait d'avoir des connaissances pour être capable de les transmettre à des élèves. Le métier d'enseignant se résumait à cela. En corollaire, on croyait qu'il suffisait aux élèves de bien écouter et d'être capables de réciter ou d'imiter pour apprendre et pour savoir.

Aujourd'hui, les sciences humaines ont fait avancer les choses et nous sommes capables de mieux comprendre qu'il y a d'autres facteurs qui entrent en jeu et des mécanismes précis qui régissent l'enseignement et l'apprentissage. Nous appelons tout cela les procédures et c'est donc ces procédures qui seront nos références tout au long de ce recueil.

Apprendre peut donc s'apprendre !

Philippe Meirieu est un grand pédagogue. Dans ce chapitre, outre le fait de lui emprunter un titre de livre, nous allons nous inspirer largement des travaux par lesquels il fait valoir, entre autres, que trois démarches conditionnent l'apprentissage. Avant de les passer en revue, je dois apporter cette précision : je m'appuie sur cette théorie qui, en ce qui me concerne, a été validée par mes observations et mon expérience personnelle. Mon entourage familial a pu en être témoin 40 années d'enseignement en lycée, d'expériences personnelles, de formations diverses et un travail minutieux d'analyse de pratiques m'ont amené à valider cette théorie sur laquelle j'aime à prendre appui lorsque je parle d'apprentissage. Il ne s'agit donc pas là d'un simple « copier-coller », mais de conclusions après vérification de la validité de cette option sur l'enseignement.

Voici les trois démarches :

1/ Pour apprendre, il faut avoir un projet

« Il n'y a pas de bon vent pour le bateau qui ne sait pas où il veut aller ! » Ce qui peut être traduit par : qui navigue à vue arrive rarement à bon port…

En revanche, la visée d'un objectif ou d'un but, et l'élaboration d'un chemin, d'une feuille de route, contribuent nettement à rendre les choses plus simples et plus logiques, donc plus efficaces. Concernant l'École :

savoir pourquoi on travaille, et avec quels moyens, permet de rendre plus cohérents les apprentissages et donc de mieux les retenir et les stabiliser.

Un projet : c'est savoir où l'on va et par quel chemin on y va. Pour certains, cela peut prendre l'aspect d'un rêve, un espoir ou une voie à suivre. « Le projet, disait Gérard Malglaive, un spécialiste de l'apprentissage, c'est un ensemble articulé d'objectifs et de moyens destinés à les atteindre. »

Parce qu'il s'envisage toujours par rapport à un but ou un objectif, un projet est un mode opératoire qui organise et qui motive. Avoir un projet, c'est se rendre actif à la tâche, c'est s'imaginer différent dans l'avenir.

Un projet d'étude peut donc prendre des formes tout à fait variables : projet court, à brève échéance, par exemple : Je travaille pour avoir de bonnes notes, pour faire plaisir à mes parents, à mon professeur, etc. En général, c'est le projet des enfants. Mais en devenant ado, il peut prendre plus de corps ; il devient alors projet professionnel. Mais il peut également prendre la forme d'enjeux plus personnels : « Je veux me prouver quelque chose, satisfaire ma curiosité, être plus reconnu dans mon environnement, être plus cultivé, plus libre, plus fort dans la vie. Je veux m'accomplir, etc. »

On assimile souvent la notion de projet avec celle de maturité. Il est reconnu que les personnes bien structurées et bien organisées savent en général travailler à l'aide de projets solides et bien construits.

Les enseignants savent que, pour les jeunes, l'empan d'un projet, c'est-à-dire sa longueur (l'empan était une mesure agraire qui correspondait à l'écartement d'une main), est souvent un indicateur fiable sur le degré de maturité, la stabilité ou la détermination de leurs élèves.

Ainsi donc, apprendre peut paraître plus logique, plus motivant et, de ce fait, plus facile à qui pourra répondre aux questions : « Pourquoi ? » et « à quoi ça sert ? »

UN CONSEIL : Sachez déterminer la ou les raisons principales qui vous invitent à l'effort scolaire. Prenez-en conscience, elles vous aideront à être efficace. Tracez-vous un chemin, un plan, essayez de le suivre, sachez également le modifier, en modifier la route et en moduler l'objectif si nécessaire. Un projet n'est pas forcément rigide et définitif, il peut, tout naturellement, changer ou évoluer.

La maturité qui accompagne l'engagement personnel dans les études s'effectue lorsque vous lâchez le projet de vos maîtres ou vos parents pour vous attacher à un projet personnel. C'est en somme lorsque l'on travaille pour soi que l'on mûrit et inversement le travail pour soi fait mûrir. Construisez-vous donc un projet original, bien pour vous, et vous découvrirez que la quantité et la qualité de votre travail seront bien supérieures à celles que vous demandent parents et professeurs. Par ailleurs, vous augmenterez ainsi vos chances de réussir.

2/ Pour apprendre, il faut développer une stratégie :

Chez les militaires, la stratégie est un ensemble de moyens mis en œuvre par les chefs de guerre pour gagner une bataille. Pour ce qui nous concerne, il s'agira plutôt de parler de méthode. « Vous manquez de méthode », relève-t-on souvent dans les bulletins trimestriels. Mais qui donc est capable de motiver cette remarque ? Explique-t-on aux destinataires de ce message sibyllin ce qu'est une méthode ?

Se construire une stratégie d'apprentissage, c'est d'abord avoir réfléchi sur soi, car il s'agit bien souvent d'une chose personnelle. C'est se connaître, connaître les meilleures conditions pour un travail efficace, en obtenant donc les meilleurs résultats possibles avec un effort minimal.

Voici par exemple quelques pistes de réflexion possibles : est-ce que je suis plutôt efficient le matin ? L'après-midi ? Ou le soir ? Comment fonctionne le mieux ma mémoire ? Est-ce que je retiens mieux ce que je vois ? Ce que je lis ? Ce que j'entends ? Ou bien ce que je fais ?

Est-ce que je peux faire le point sur ce que je sais, et sur ce que j'ai à apprendre ? Est-ce que je suis capable de mobiliser et d'utiliser mes savoirs pour aller plus loin ? Sachant que, on l'a vu plus haut, un apprentissage nouveau s'obtient toujours à partir de connaissances déjà acquises et sur lesquelles on s'appuie. Est-ce que je préfère travailler seul ou en groupe ? Est-ce que je suis capable de conceptualiser mes nouvelles connaissances, c'est-à-dire me les approprier et être capable de se dire : « Ce savoir, je l'ai maintenant » « Qu'ai-je appris ? » « Comment puis-je utiliser ce que je sais maintenant ? » « En quoi suis-je différent maintenant par rapport à avant ? »

Tout ceci nous amène à une idée nouvelle :

PARAMÉTRISER SES APPRENTISSAGES, c'est-à-dire les utiliser, les replacer, les manipuler, en discuter avec les autres, les comparer, les essayer, les confronter, etc.

La paramétrisation des savoirs permet de les stabiliser, c'est un concept mis en évidence par M. Schmitt, un didacticien des mathématiques.

Si j'en ai conscience, je suis capable de faire une relation entre mes diverses connaissances entre elles, je suis capable de relier mes savoirs les uns aux autres, d'en parler et de les évoquer.

Une réponse positive à cette question est donc sans doute une bonne manière de les retenir et de les ancrer. C'est aussi l'assurance de faire de ses savoirs scolaires des savoirs concrets et utilisables. (On appelle cela la transversalité, c'est-à-dire la capacité de mobiliser et de relier toutes sortes de connaissances lorsqu'on en a besoin.)

Bien évidemment, indépendamment de la paramétrisation, d'autres exemples de stratégie peuvent être ajoutés puisqu'il s'agit là d'une réflexion personnelle : est-ce que je sais prendre et exploiter mes notes ? Est-ce que je sais m'immerger dans une leçon ? La résumer ? L'analyser ? Suis-je capable de trier et ne retenir que l'essentiel ? Comment utiliser la mnémotechnique pour revoir et retenir une leçon ? Ou bien la question toute simple : est-ce que je sais bien lire ? C'est-à-dire faire mieux que déchiffrer, comprendre ce que je lis…

Enfin, la relation avec le cours peut-être également réfléchie : par exemple, la façon dont on aborde un cours est importante. Une séance de cours représente un moment privilégié, car en amont elle est travaillée, préparée, puis pendant le cours elle est interprétée comme une pièce de théâtre par le professeur. Enfin, elle est exploitée par le professeur et l'élève. Chaque séance correspond donc à une unité d'apprentissage.

UN CONSEIL : N'allez pas en cours pour passer le temps. Essayez de considérer ce moment comme une attente, une réponse, un espoir. Un auteur genevois, André Giordan, qualifiait de « conception » (qui vient de capio = prendre et con= avec), cette attitude d'ouverture et d'attente d'un savoir nouveau préalable au cours.

Puis à la fin, avant de quitter la salle ou dans le couloir, quelques secondes suffisent pour faire le point sur ce que vous avez acquis de nouveau : « Qu'est-ce que je sais maintenant que j'ignorais tout à l'heure ? » En quoi suis-je différent ?

Voilà une façon d'ouvrir sa porte aux savoirs nouveaux pour les accueillir et les stabiliser. Pour illustrer ceci, je donnerai l'image d'une éponge prête à absorber l'eau que l'on verse sur elle.

Enfin, pour conclure sur la stratégie, les enseignants sont formés aux règles de la stratégie scolaire : celle de leurs élèves et la leur : C'est la méthode qu'ils ont choisie et qu'ils appliquent pour enseigner. C'est à eux de trouver la pertinence de leur méthode, d'ordonner les leçons en fonction des programmes, et de mettre en place les moyens de les faire assimiler. C'est donc là, le domaine de la pédagogie et de la didactique. C'est ce qui prouve qu'être enseignant est un vrai métier, qui ne s'improvise pas et qui s'apprend, lui aussi.

<u>UN CONSEIL</u> : Questionnez-vous sur votre méthode personnelle d'apprentissage. Mettez-la en œuvre pour travailler efficacement. Faites confiance à la compétence professionnelle de vos maîtres. N'hésitez jamais à dialoguer avec eux pour en savoir plus sur leur méthode et avec vos camarades sur ce que vous apprenez ou ce que vous avez appris.

3/ Pour apprendre, il faut mettre en œuvre une opération mentale

Ce sujet est plus difficile à traiter, car, aborder la question des opérations mentales, c'est s'impliquer dans des considérations qui peuvent dépasser les intérêts et les connaissances d'un lycéen. Nous n'entrerons donc pas dans les détails, d'autant plus qu'il s'agit là, de démarches intellectuelles souvent inconscientes.

Scientifiquement, cela se traduit, par la mise en circuit d'un système de relations entre les neurones, pour relier les zones du cerveau concernées par le travail intellectuel. Donc, vous pouvez voir que c'est assez compliqué et que cela se fait bien souvent sans l'intervention du conscient, automatiquement. On touche là, au domaine de la biologie sur lequel on reviendra plus loin.

Je vais essayer d'être plus simple : les opérations mentales représentent les activités cérébrales par lesquelles une personne traite de l'information. Mettre en œuvre une opération mentale, c'est donc, d'un point de vue biologique, convoquer l'ensemble des neurones et des zones cérébrales concernés pour saisir et traiter un sujet afin d'en faire un objet de connaissance.

Pas simple vous voyez ! Naturellement, le potentiel individuel de concentration est une condition essentielle à la mise en œuvre de ces opérations mentales en question.

À défaut de creuser la difficile question des opérations mentales, nous en profiterons pour nous arrêter un peu sur le problème de la concentration, c'est-à-dire la faculté de se mettre en rendez-vous (en phase) avec son centre. C'est je pense un sujet qui nous est un peu plus familier puisque dans les bulletins trimestriels ou les remarques des professeurs, combien de fois n'avons-nous pas relevé le classique « manque de concentration ! ».

À ce propos, je voudrais vous faire part de trois réflexions à partir de mon expérience personnelle.

La première concerne l'inégalité des chances entre les uns et les autres sur les facultés de concentration. La salle des professeurs est un endroit particulièrement passager et agité, souvent bruyant, elle est un lieu de transit et de conversation, mais elle est aussi souvent pour les professeurs le seul endroit où, entre deux cours, on peut s'adonner à l'étude et à ses préparations ou à ses corrections. J'avais à mes côtés un collègue, professeur de mathématiques, plongé dans un travail apparemment absorbant. Alors que, personnellement, j'éprouvais les plus grandes difficultés pour ne pas lever la tête à chaque entrée ou sortie dans la salle, lui, acheva son heure sans avoir décollé les yeux de ses documents, en me demandant, un peu perdu, l'heure qu'il était. Ceci sans avoir le moins du monde conscience du temps qui venait de s'écouler ni du nombre de personnes qui avaient traversé cette salle. Il émergeait, surgissant ainsi de sa pensée profonde.

Ce jour-là, à partir de cette constatation, je me suis souvent questionné sur le potentiel de chacun à la concentration, ainsi que sur le plaisir qu'on pouvait prendre à s'élever ainsi dans ses pensées, se déconnectant complètement de son environnement, comme un moine tibétain pourrait le faire dans sa méditation.

La deuxième réflexion concerne la disponibilité d'esprit comme condition « sine qua non » à la bonne concentration. Dans son livre « Des enfants qui réussissent », Micheline Falk illustre très bien le phénomène de disponibilité en utilisant l'image d'un vase rempli d'eau, dans lequel on voudrait encore en ajouter. Qu'arrive-t-il ? Naturellement, l'eau, ne pouvant plus entrer dans le vase, déborde et se répand sur la table.

Madame Falk utilise cette illustration pour montrer que la mobilisation intellectuelle est toujours entravée si l'esprit est encombré de préoccupations ou de soucis qui polluent ainsi la réflexion.

Concrètement, comme les adultes, très peu d'élèves ont les moyens de gérer de front, l'effort nécessaire au travail de réflexion et d'autres soucis qui les préoccupent. Les enseignants le savent, qui sont souvent confrontés à ces cas d'élèves dont le vase est déjà rempli de soucis annexes et qui sont donc dans l'impossibilité de se consacrer sereinement à leur travail scolaire. « Trop, c'est trop ! » et l'on assiste à des décrochements dans les études suite à des évènements graves et perturbants, comme un deuil, une séparation ou un ennui quelconque.

Madame Falk préconise la prise en compte de cet état dans le cursus d'apprentissage, et invite les enseignants à reconnaître ces signes chez leurs élèves.

UN CONSEIL : N'hésitez donc pas à parler à vos professeurs des éventuelles entraves à vos études ou bien de leur signaler discrètement les problèmes de vos camarades si vous vous rendez-compte qu'ils n'ont pas été mis à la connaissance de vos professeurs. Dans de tels cas, si le problème est passager, la pratique de la relaxation ou de la respiration adaptée peut contribuer à apporter une réponse par le calme. Pour avoir pratiqué cette méthode avec mes élèves, je peux attester qu'elle a fait ses preuves.

La troisième réflexion sur les opérations mentales concerne la place que prennent les écrans dans la vie des enfants du nouveau siècle. On reviendra sur ce sujet dans un prochain chapitre, c'est pourquoi je serai assez bref pour le moment.

Nous nous contenterons de constater que télévision, ordinateurs, smartphones, consoles de jeu, etc. prennent désormais une place très importante dans la vie de chacun, et que l'invasion de tous ces écrans dans nos vies n'est sans doute pas de nature à faciliter le travail intellectuel et à préparer à affronter les dures contraintes qui nous attendent au lycée, et même plus tard dans nos vies. Le réflexe « zapping », les solutions rapides, sans effort, et la passivité devant les images reçues en un mot : la culture-écran sont bien souvent éloignés des capacités de création, d'initiatives, d'imagination et de concentration longue que requièrent les opérations mentales dont il est question ici.

UN CONSEIL : Nous avons rendez-vous plus loin avec ce problème spécifique de ce nouveau siècle, mais d'ores et déjà, je préconise un usage critique de ces écrans. Ne jamais en abuser et toujours se demander qui est derrière ? Pourquoi ? Et comment ça se fait ? Nous en reparlerons.

Pour conclure sur ce sujet, l'opération mentale correspond d'abord à la faculté que l'on a à se concentrer, à traiter de l'information et à la rendre opérationnelle. Mettre en œuvre une opération mentale peut donc se résumer à mobiliser son pouvoir intellectuel, sachant que la difficulté est toujours moindre lorsque le sujet nous intéresse ou nous motive. Apprendre dépend souvent de l'intérêt que l'on a pour ça et de la capacité à se concentrer.

Interrogez-vous là-dessus. Sachez profiter des meilleures conditions possibles pour apprendre, en mettant tous les atouts de votre côté. Vous pourrez ainsi, peu à peu comme le dit Philippe Meirieu : « Rayonner du plaisir de savoir ! »

Un exemple : Paul n'avait pas 15 ans et était déjà passionné de voitures. Il rêvait de conduire comme son père, et ceci dès que possible c'est-à-dire dès que l'âge le lui permettrait. S'installer au volant et piloter la voiture a toujours été son rêve. En regardant Papa au volant, en observant tout ce qu'il faisait, comment et à quel moment il fallait le faire, il avait déjà pris de l'avance sur ce que l'on peut savoir à cet âge-là. Régulièrement, les questions fusaient et les réponses, bien entendu, étaient assimilées sur le champ, sans difficulté et définitivement puisqu'il y avait la motivation. La théorie des vitesses, des embrayages et des gestes de conduite n'ont eu bientôt plus aucun secret pour lui. Il ne restait plus que la pratique : se mettre réellement au volant et pouvoir manœuvrer la voiture.

Puis un jour, je me décidai à franchir le pas. Le projet étant solide et déterminé, l'opération mentale, c'est-à-dire l'acte d'apprentissage de tous les éléments de conduite, avait permis à Paul d'intégrer toute la théorie. J'ai pu m'en rendre compte en vérifiant ses connaissances. Il ne restait plus qu'une stratégie d'apprentissage pour compléter : ordonner et clarifier mes explications, les détailler et les circonstancier, tout cela suivi par un regard qui en disait long. Un jeu de questions-réponses pour vérifier. Et on se lança, tancés par une maman qui avait très peur. Dans la cour de la maison, Paul mit en pratique ce qu'il savait, avec l'angoisse au ventre de connaître l'échec, c'est-à-dire d'abîmer la voiture familiale. Mais il sentait bien la confiance qui présidait à cette expérience. « Rassure-toi !

Détends-toi ! Si tu appliques tout à la lettre et que tu restes prudent, tout deviendra réflexes et tout se passera bien ! »

Paul a 16 ans maintenant et conduit la voiture, uniquement dans la cour bien sûr, en attendant l'âge de conduire vraiment seul. Mais il est à l'aise et fier de ce qu'il fait. La magie de l'apprentissage a fonctionné !

Pour moi, cette expérience représente une illustration de plus de la mécanique qui préside à de telles acquisitions : le projet, la stratégie et l'opération mentale. Je venais, une fois de plus, de vérifier et valider tout cela. Certes il n'était pas à l'école pour cela, donc le contexte était différent, mais je pense que l'apprentissage n'est pas l'apanage de l'école et que le processus lui, est commun à toutes les circonstances à l'école et dans tout environnement cognitif.

Chapitre 3
La notion de situation-problème

Je vous propose maintenant de continuer notre réflexion sur l'apprentissage avec d'autres thèmes un peu plus techniques. Ces thèmes sont souvent mis en pratiques par vos professeurs dans le cadre de leur stratégie professionnelle, c'est-à-dire leur travail quotidien avec vous. Vous les reconnaîtrez peut-être, et ainsi, en les identifiant mieux, il vous sera possible de rendre votre participation plus active et de mieux comprendre l'intervention de vos enseignants.

La notion de situation-problème

Tout d'abord, il faut préciser que le mot « situation » tel que nous le définissons ici, appartient au jargon enseignant. Il représente une tâche spécifique, réfléchie et mise au point par l'enseignant pour appeler la mobilisation des élèves. Cela peut être un exercice, une application ou une mise en condition d'engagement dans le travail. C'est en somme la situation devant laquelle le professeur met ses élèves.

Nous avons vu plus haut qu'apprendre est une contrainte, savoir une ressource et nous avons fait connaissance avec le système ressource-contrainte. Pour le professeur, ce qui est important, afin que ce système soit efficace et qu'il marche bien, c'est que les unes soient adaptées aux autres, c'est-à-dire que les contraintes ne soient ni trop dures, ni trop faciles, et en rapport direct avec les ressources visées.

Ces contraintes doivent susciter l'envie de s'engager dans l'effort, être motivantes et encourageantes. Elles doivent viser ce qu'on appelle un « décalage optimal », c'est à dire solliciter juste ce qu'il faut de ce que l'on sait, pour arriver à ce que l'on veut obtenir.

Soyons plus clairs et plus concrets : en principe, le professeur de mathématiques fait suivre chacune de ses leçons par une application du cours sous la forme d'un problème. Si ce problème est trop facile, il sera bien entendu résolu d'emblée et ne servira à rien. S'il est trop difficile, il sera infaisable et ne servira à rien non plus. Rien ! Sinon mettre l'élève en échec.

La « zone de décalage optimale » représente donc la prise en compte de ce qui est su, et le décrochement entre ce qui est su et ce qui est ciblé.

Le concept de « situation-problème » est un moyen bien connu des enseignants aujourd'hui, qui l'utilisent beaucoup dans leur pédagogie. Comme le précise Philipe Meirieu dans son livre « Apprendre… Oui, mais comment ? », il trouve sa source aux origines de la pédagogie, notamment chez Jean-Jacques Rousseau qui dans « L'Émile » a écrit un traité de pédagogie, on le trouve également largement explicité dans les travaux de grands didacticiens comme Claparède ou Jean Piaget.

Quelle que soit leur discipline, les enseignants modernes et bien formés savent manier cet exercice au service de leur stratégie d'apprentissage. Ils sont capables d'abord de poser le bon problème : celui qui motive et qui met les élèves devant un cas qui les questionne et les engage dans une démarche de résolution de ce problème. Si la situation est bien choisie, elle mobilisera donc votre intérêt et vos ressources et vous conduira dans l'aventure de l'apprentissage, après une réflexion constructive vers la clé du problème.

UN CONSEIL : L'intérêt pour les élèves de connaître cette notion de situation-problème n'est pas mince, car elle contribue à donner du sens à votre travail en vous engageant dans une énigme. Donner du sens à son travail, c'est lui donner une raison d'être et d'obtenir ainsi une participation plus active, plus agréable et plus efficace.

Pour vous montrer qu'il n'y a pas qu'en mathématiques qu'on pose des problèmes, je vais terminer en vous donnant un exemple de situation-problème utilisée en Éducation physique. Dans l'apprentissage du ski de fond, l'utilisation du skating (le pas du patineur) passe par l'acquisition d'une poussée dynamique sur le ski arrière afin de donner de la glisse au ski avant (un peu comme on le ferait avec une trottinette).

La situation que je proposais consistait à relier deux repères séparés de 30 mètres environ en n'utilisant qu'un ski et en faisant le moins de poussées latérales possible avec l'autre ski (type trottinette). Sachant que vous êtes skieurs, je sais que vous aurez compris qu'il s'agissait en fait d'apprendre la bonne poussée, dynamique et équilibrée sur le ski arrière. Le vainqueur de ce petit jeu était celle ou celui qui rejoignait les deux repères en faisant le moins de poussées. Voilà une situation-problème qui, expliquée aux élèves, aboutissait généralement à un résultat intéressant en termes d'apprentissage.

Naturellement, des exemples similaires de situations-problèmes sont mis en place dans d'autres disciplines scolaires par les professeurs. Mais je pense que si vous connaissez la démarche, vous pouvez mieux entrer dans la stratégie de l'enseignant. C'est ce qu'on appelle « Jouer le jeu ». Ce qui est intéressant ici, c'est de se donner plus de chances d'acquérir un savoir nouveau.

UN AUTRE CONSEIL : essayez de reconnaître cette stratégie pédagogique dans votre enseignement et utilisez là à votre profit en entrant dans le jeu, c'est-à-dire en vous engageant le plus activement possible dans cette procédure, vous verrez qu'en reconnaissant le jeu : on peut avoir une image plus ludique de sa scolarité, et en tout cas plus agréable.

Chapitre 4
La notion de seuil d'efficacité

« Dois faire des efforts ! » Voilà une remarque que l'on peut voir sur les bulletins trimestriels ou entendre bien souvent pour qualifier le travail d'un écolier.

Or, la notion d'effort, comme la notion de souffrance ou de fatigue, ne se quantifie pas (à l'hôpital, les médecins demandent parfois aux patients d'évaluer leur souffrance sur une échelle de 0 à 10, mais il s'agit de ressentis personnels.) En fait, l'effort est une sensation abstraite, qui dépend de notre niveau de tolérance ou de notre possibilité à se transcender.

Par exemple, est-il possible de comparer la douleur d'une épine de ronce dans un doigt avec celle du soldat que l'on amputait jadis, d'un bras ou d'une jambe à l'arrière du front, sans anesthésie ? Non, bien sûr ! Pourtant, dans les deux cas, on peut parler de douleur et même de souffrance. Est-il possible de comparer l'effort d'un comédien qui apprend la tirade du nez dans Cyrano, avec celui du jeune élève qui doit retenir une poésie de quelques lignes pour la réciter par cœur ? Là non plus, on ne peut pas comparer, l'enjeu n'est pas le même et la tâche dépend surtout de la mémoire de chacun.

Faire un effort : c'est agir par rapport à un degré supérieur à ce que l'on est habituellement capable de faire assez facilement, soit en intensité, soit en temps. Un effort est donc, par définition, difficile à faire.

Ce point particulier nous permettra de nous attarder sur la notion de « décalage optimal » et de tenter de trouver une indication de mesure ou un indice personnel à cette notion, et ainsi peut-être, de mieux circonscrire cette notion d'effort qui peut apparaître comme assez floue aux élèves.

Proche de l'idée de « zone de décalage optimal », évoquée lors de la « situation-problème », le concept de « seuil d'efficacité » à propos de l'École s'apparente donc à l'intensité ou au temps de travail. Il est donc très théorique. Mais il me semble utile de le connaître, car la notion de « dose » comme le seuil de douleur n'a pas la même résonance chez chacun d'entre nous.

Dans ce paragraphe, je m'exprimerai donc en termes de « dose de travail ». Pour illustrer cette notion, nous resterons dans le domaine de l'EPS en nous référant à un exercice accompli par beaucoup de gens : la course à pied.

Paul décide de progresser dans cet exercice qu'il pratique souvent sur une durée d'½ heure environ. Il connaît l'allure qui lui permet de maintenir son effort optimal pendant ce laps de temps. Mais il sait que s'il veut progresser, il lui faudra habituer son organisme à une intensité un peu plus élevée. Il choisira donc de courir un peu plus vite que son allure habituelle, mais dans un premier temps, il ne pourra le faire que sur des laps plus courts et séparés de moments de récupération, il sera capable également, puisqu'il fait des pauses, de courir plus de la ½ heure totale habituelle. Au bout de quelques séances d'entraînement, on peut penser légitimement que son organisme sera capable de supporter un effort supérieur. Donc le travail aura payé et il aura progressé. Il sera capable désormais de courir plus vite pendant la ½ heure ou bien de tenir plus longtemps au même rythme.

Mais ce qui est important, c'est que Paul sache que s'il continue à s'entraîner toujours à la même allure et sans allonger le temps de course, il n'y aura pas pour lui d'effort réel et donc pas de progression envisageable. Son Papa pourra lui dire : « Paul ! Si tu continues à faire ce que tu as toujours fait : tu n'obtiendras que le même résultat et rien de plus ! »

Vous l'avez compris, le « seuil d'efficacité » correspond donc au seuil de l'effort. Il est variable pour chacun et pour chaque tâche, mais lorsqu'un professeur demande à un élève de « faire des efforts ! » Il veut dire clairement qu'il est nécessaire, pour progresser, de travailler au-delà de ce que l'élève à l'habitude de faire. Soit en intensité, soit en temps.

Ainsi, nous avons essayé de montrer que la notion d'effort est à rapprocher de la notion de zone de « décalage optimal » que nous avons vue plus haut.

La prise en compte de ce seuil d'efficacité est contenue dans les programmes d'entraînements modernes des sportifs. Là, elle repose sur des données précises et chiffrées. Mais cette notion peut être également applicable au domaine scolaire où l'on peut penser que les mêmes causes produisent les mêmes effets. Et vous ? Faites-vous le rapprochement entre le travail physique – l'entraînement de Paul – et le travail scolaire ou intellectuel ?

Pour résumer : il est évident que tout travail, accompli en dessous de ce seuil d'efficacité, ne peut pas être productif en termes de progression. Donc toutes les compétences scolaires qui vous sont demandées ne peuvent se développer qu'en sollicitant les capacités au-delà de ce seuil. C'est en fait la définition que veulent donner les enseignants de la notion « d'effort ».

« Dois faire des efforts » devient donc ainsi « allez au-delà de ce que vous faites facilement ! »

UN CONSEIL : Vous avez maintenant un peu plus de précisions sur la remarque « Dois faire des efforts ! »… Ceux-ci commencent en fait là où disparaît l'aisance, c'est-à-dire au-delà du facile.

Sachez vous familiariser avec cette notion, la concrétiser, l'utiliser et vous y habituer. Le travail intellectuel et les opérations mentales ont besoin d'une certaine intensité pour déboucher sur des progrès. Cette intensité est matérialisée par la « zone de décalage optimale ». Au lycée, cette notion ne peut être que théorique, car on ne peut pas la quantifier, mais il existe des indicateurs assez fiables à repérer, notamment la fatigue, qui doit intervenir assez rapidement, elle est donc très souvent un signe d'atteinte du seuil d'efficacité.

Ainsi défini, on comprendra mieux que l'effort est la condition sine qua non de la progression, avec en corollaire : le mérite et la sérénité, c'est-à-dire le plaisir de la tâche accomplie.

En résumé : Faire un effort, c'est agir par rapport à un degré supérieur de ce que l'on est habituellement capable de faire aisément, soit en intensité, soit en temps.

Chapitre 5
Biologie de l'apprentissage

Pour mieux comprendre ce chapitre, un peu plus difficile, il sera nécessaire de passer par un petit rappel de votre cours de SVT sur l'anatomie et le fonctionnement du cerveau. Ce rappel nous servira sans aucun doute à mieux comprendre la suite de notre réflexion. Il viendra dans un deuxième temps, car auparavant, nous tenterons de répondre à la question suivante : que se passe-t-il dans notre cerveau quand on est en classe ?

Nous allons tout d'abord tordre le cou à une légende historique. Dans l'histoire, tous les textes anciens montrent que l'homme a longtemps situé le siège de l'âme, de la vie sentimentale et de la pensée dans le cœur. N'apprend-on pas « par cœur » ! Et celui-ci ne reste-t-il pas encore, dans nos représentations, le siège de l'amour et des sentiments ?

Eh bien ! Il y a longtemps, dans les années 200, Galien, philosophe et médecin grec, découvrit au cours de ses dissections, des relations étroites entre le mouvement et le cerveau. Nonobstant les croyances de l'époque, il n'eut de cesse de persuader son entourage et ses élèves que le siège de la pensée n'était pas le cœur, mais le cerveau. Ses disciples, convaincus, eurent eux aussi, bien des difficultés à démontrer et à faire comprendre le rôle central du cerveau dans la commande du corps et de l'activité mentale.

Alors, débuta l'histoire de la recherche dans le cerveau, siège reconnu à présent de notre vie intellectuelle.

Aujourd'hui, les moyens d'investigations ont beaucoup changé et nous savons désormais que le cerveau et le système nerveux sont composés d'environ 86 à 110 milliards de cellules appelées neurones.

Ces neurones (qui partagent la même étymologie que le mot nerf) sont composés d'un noyau central et de filaments, les axones et les dendrites, de longueurs insuffisantes, donc reliés et connectés entre elles par les synapses, qui jouent un rôle très important de relais, comme des prises de courant entre les neurones.

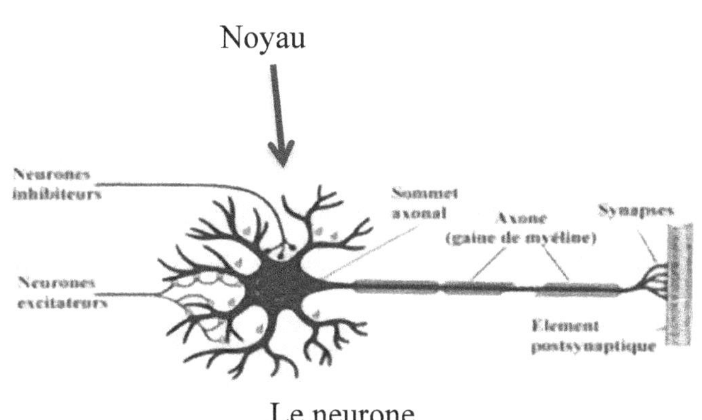

Le neurone

« L'homme est neuronal ». C'est ce qu'avait conclu dans les années 80 un chercheur en neurobiologie, Jean-

Pierre Changeux, dans un ouvrage qui fit date dans la vulgarisation des sciences. Il voulait dire, avec ce titre, que l'être humain est entièrement régi non pas par son cœur, mais par son cerveau.

Ce travail important a permis au grand public de découvrir que la nature humaine était régentée par des contingences biologiques et que, de plus, les hormones avaient une importance considérable dans notre fonctionnement. Mais surtout JP. Changeux mettait en évidence la nature même des neurones, leur rôle et leur fonctionnement. Ceux-ci, par l'intermédiaire de leurs connexions : les axones et dendrites organisent la circulation de l'influx nerveux jusqu'au cerveau, dans des zones bien déterminées où l'information est stockée et décryptée pour la rendre consciente. Nous sommes donc soumis à tout instant à des stimuli qui s'exercent depuis des sources extérieures, périphériques, et qui voyagent jusqu'à leurs endroits de prédilection dans le cortex (nom que l'on donne à la partie supérieure du cerveau, réservée à l'activité intellectuelle, appelée également matière grise).

Aujourd'hui, sur ces bases, se sont développées des connaissances complémentaires, grâce surtout aux progrès des Imageries à Résonances Magnétiques (I.R.M.), permettant de suivre sur écran les trajectoires de ces flux et leurs destinations dans le cerveau, et déterminant ainsi l'activité cérébrale qui en découle.

Pour obtenir ce résultat, on couvre le crâne d'une personne-cobaye avec des capteurs numériques reliés à des récepteurs et à des écrans de visualisation. Puis, on fait subir des stimulations diverses à notre « cobaye » qui, selon leur nature (informations, questionnement, émotions, etc.), vont suivre un trajet nerveux et aller rejoindre une région bien déterminée du cerveau. Celle-ci accueillera cette stimulation puis la transformera en ressenti.

Ainsi, l'expérimentateur pourra-t-il localiser visuellement les zones du cerveau où arrive le flux. Il pourra voir leurs emplacements, leurs tailles, leurs formes.

Il pourra également, par la nature des stimuli produits et des réponses constatées, déterminer les caractéristiques de ces zones (plaisir, douleur, mémoire, émotions, apprentissage, etc.).

Il est important de noter que le voyage de cette information se réalise à la manière d'un courant électrique dont les fils seraient interrompus par endroits et reconnectés les uns aux autres pour la continuité de ce voyage. Ces césures portent le nom de synapses ou boutons synaptiques et la continuité de l'une à l'autre est assurée grâce à des composés chimiques appropriés que sont les neurotransmetteurs. Nous reviendrons plus loin sur ces substances chimiques particulières et très importantes pour ce qui nous concerne.

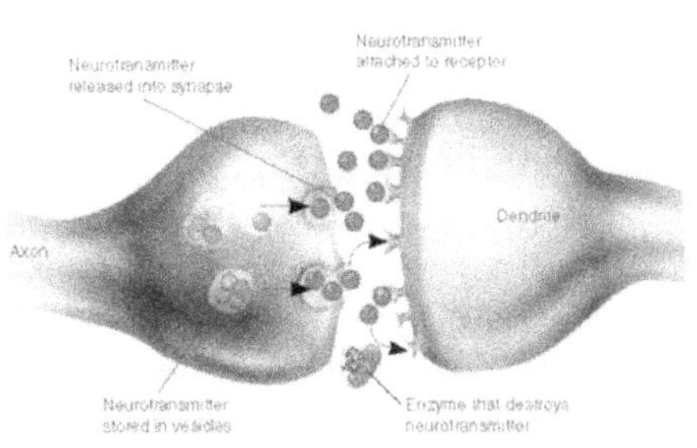

Ces quelques notions de biologie et de physiologie étant précisées, nous allons revenir à notre propos par l'intermédiaire d'une question qui va certainement vous paraître un peu insolite tant elle pourra vous sembler évidente… Pourtant, la voici ! …

Quelle est la différence entre les animaux et les hommes ?

La réponse, naturellement, va de soi. Sur bien des points, les animaux ne ressemblent pas aux hommes. On pourrait même citer mille différences, mais en ce qui concerne notre propos, nous choisirons d'apporter la réponse suivante :

La vie des animaux est organisée par trois règles fondamentales. Charles Darwin, un naturaliste anglais du 19e siècle qui a étudié la loi de l'évolution des espèces, nous a appris que ces trois règles ont assuré la survie des êtres vivants qui ont pu ainsi arriver jusqu'à aujourd'hui.

1/ L'instinct de manger.

2/ de ne pas se faire manger.

3/ de se reproduire.

À l'origine des temps, les êtres vivants qui n'ont pu suivre ces trois préceptes ont tout simplement disparu, et c'est ainsi que depuis les premiers temps de l'humanité, nos ancêtres ont pu subsister jusqu'à nos jours.

L'évolution a permis à l'homme de sortir peu à peu de cette triple nécessité impérieuse. Ainsi aujourd'hui, sauf dans certaines conditions, on a très rarement des difficultés vitales pour se nourrir, on a peu de risques de se faire manger et je ne pense pas que l'espèce humaine disparaisse faute d'avoir le réflexe de se reproduire…

Le moteur de l'existence humaine est donc de nos jours ailleurs : c'est le plaisir. Ou plus précisément la recherche systématique du plaisir. C'est ce qui, comme le précise le philosophe Robert Misrahi, qui a beaucoup travaillé sur la question, donne de la cohérence et de la plénitude à notre existence.

Cette quête, consciente ou inconsciente, mais naturelle, peut prendre des formes diverses selon les différentes personnalités. Par exemple : la réussite, ou l'accomplissement social, la course au pouvoir ou au bonheur, le besoin de posséder d'avoir, de savoir, de gagner, de ne rien faire ou de travailler, d'espérer, de guérir, etc., et puis s'ajoutent les plaisirs fugaces ou plus charnels tels que manger, se reposer, jouer, ressentir, aimer, apprécier, jouir, être aimé, et puis, comme pour résumer la plupart des autres : le besoin de reconnaissance ou d'émotions positives.

Beaucoup de sociologues, de psychologues et de chercheurs sont unanimes pour dire que c'est bien ce besoin de tendre vers le plaisir qui gouverne et donne un sens à notre vie. C'est également lui qui organise la plupart de nos démarches, notre caractère et notre comportement et pratiquement notre vie entière.

Cette idée apparaît de façon très convaincante dans le dernier ouvrage du Professeur Misrahi : « Le travail de la Liberté. », où l'auteur analyse le désir, explique ce phénomène et nous aide à prendre conscience de cette éthique, en mettant en exergue quelques solutions à nos frustrations de plaisir.

Dans notre cerveau, cette notion de plaisir ou de récompense trouve une place prépondérante. Elle a été localisée dans un endroit précis : le prosencéphale, c'est à dire dans la partie avant du cortex, en arrière du front, et plus précisément dans une zone que l'on appelle le noyau accumbens, là où sont recueillis et centraliser les stimuli de tous les plaisirs. Cette région du cerveau fait partie de ce que les chercheurs qualifient de circuit de la récompense. Elle contribue donc à donner un sens à notre existence puisqu'elle nourrit ce réflexe vital : la quête du plaisir.

Le principe de l'activation de cette zone est simple : la périphérie reçoit un message positif, par exemple l'écoute de musique plaisante. Ce message est reçu par les oreilles puis transmis par les neurones et les synapses, grâce aux neurotransmetteurs, jusqu'à la zone accumbens, où il est reconnu par l'auditeur, et rendu conscient et agréable.

Les neurotransmetteurs qui permettent et activent la transmission des flux dans les synapses sont des composés chimiques, produits de façon naturelle par l'organisme. Ils ont un rôle très important puisqu'ils permettent d'assurer les liaisons transneuronales. En principe produit en quantité suffisante, ils sont appropriés à chaque type de stimulation. Dans ce cas, le cas du plaisir, les neurotransmetteurs principalement concernés sont la dopamine et la sérotonine ?

Mais, me direz-vous, quel rapport avec l'apprentissage et le travail scolaire ?

Eh bien, voilà ! Il faut savoir également que c'est dans cette région du cerveau que se traite l'activité que l'on appelle cognitive, c'est-à-dire tout ce qui est relatif à la connaissance et à l'apprentissage. C'est la région du cerveau la plus « intellectuelle ». On a donc, dans la même région, en voisin, les traitements du plaisir et du savoir… Alors la conclusion est fort simple et me paraît évidente. On ne s'étonnera pas du rapport qu'il peut y avoir entre le savoir et le bonheur, car les zones de traitements sont voisines dans le cerveau, et peuvent sans doute être stimulées ensemble.

On en déduira que : vu qu'apprendre et prendre du plaisir concernent la même région du cerveau, il n'y a pas de raison pour que les sensations qui en résultent ne soient pas identiques. Et c'est bien souvent le cas. Avez-vous remarqué que le savoir nous distingue, nous valorise, nous donne une sensation de reconnaissance, et permet en outre de se rapprocher de la concrétisation de nos projets ? Il est donc légitime qu'apprendre et savoir procurent du plaisir… (CQFD)

UN CONSEIL : je vous invite à vérifier cette thèse au quotidien en observant l'acharnement qu'ont certaines personnes à l'effort dans le travail, sans y être forcément obligées. Aimer l'effort n'est pas illégitime ni inconcevable, les chercheurs, les gros travailleurs et bien d'autres personnes s'accomplissent dans l'effort et le travail extrême.

Concernant le travail scolaire, Émilie du Châtelet, mathématicienne et physicienne du 18e siècle me confortera dans cette hypothèse par la formule qui l'a rendue célèbre : « L'amour de l'étude est, de toutes les passions, celle qui contribue le plus à notre bonheur. »

Chapitre 6
Sept idées pour avancer...

En 7 points, je vous invite maintenant à visiter quelques notions complémentaires à l'acte d'apprendre.

1/ L'émotion en tant que vecteur d'apprentissage

« Il n'y a pas d'apprentissage sans émotion. », entend-on souvent. Attardons-nous un peu sur ce poncif. D'abord, nous noterons que, le mot émotion a la même origine étymologique que mouvement et moteur : il vient du latin movere, qui signifie mettre en mouvement.

Les émotions feraient donc avancer ?...

Savez-vous que des psychologues américains (Salovey et Mayer) ont défini, au cours de leurs recherches, le potentiel émotif de chacun d'entre nous comme étant une forme d'intelligence ? Ces deux chercheurs prétendent même qu'il existe une forme d'intelligence émotionnelle, correspondante à tout ce qui recoupe l'habileté à accéder aux émotions, à les percevoir, les apprécier, les exprimer, mais aussi les réguler. Autant de compétences qui attestent d'un certain niveau de maturité intellectuelle et qui sont des atouts dans l'accomplissement personnel de chacun, précisent-ils. Ces deux auteurs ont travaillé notamment sur l'intelligence émotionnelle dans le contexte de la réussite scolaire.

Mais, de quelles émotions parle-t-on lorsque l'on se rapporte à l'École ?

D'abord, lorsqu'on peut prendre un peu de recul, on se rappelle que les professeurs qui nous ont laissé les meilleurs souvenirs sont souvent ceux qui avaient le plus de charisme, et donc, qui dégageaient le plus d'émotion dans leur enseignement. L'avez-vous remarqué aussi ?

Nous sommes pratiquement tous sensibles à l'émotion. Et l'émotion a une particularité, elle est contagieuse et transmissible. On peut même l'utiliser dans la communication, vos professeurs savent que c'est un atout pédagogique et un moyen de faire passer les messages. C'est en grande partie sur ce principe de sensibilité à l'émotion que repose l'effet Pygmalion.

Qu'est-ce que « l'effet Pygmalion » ?

La mythologie nous apprend que, dans l'île de Chypre, le sculpteur Pygmalion avait taillé une statue de jeune fille, si belle et si réussie, qu'il en était tombé amoureux. Transcendé par cette sculpture, il n'eut de cesse de l'admirer et de la rêver vivante. À tel point qu'un jour, celle-ci prit vie.

En pédagogie, on appelle « effet Pygmalion » ou plus savamment « prophétie autoréalisatrice », la force potentielle qui consiste à tellement désirer quelque chose pour quelqu'un, et à tellement espérer sa réalisation, que ce dernier, investi par la force que procure la confiance, finit par l'obtenir.

On dit que l'effet Pygmalion est notamment obtenu par les enseignants qui transposent à l'avance, dans leurs élèves, des qualités qu'ils voudraient bien leur transmettre et qui croient fermement en leurs capacités. Finalement, ces derniers réussissent, à force de ressentir la conviction du maître. C'est ainsi une vraie force en soi.

Alors ? Quel peut être, pour un lycéen, l'intérêt d'avoir compris cela ? Eh bien, je répondrai qu'il me semble important pour vous, de ne pas être réfractaires à ce genre d'état d'âme et de laisser jouer l'émotion que dégagent certains enseignants ou certains enseignements. Ceux-ci ne manqueront pas d'émettre sur vous une impression d'autorité naturelle et bienveillante. C'est donc la force de persuasion qui est ainsi en jeu ; celle qui facilite les acquisitions. C'est simplement le phénomène qui est recherché par les publicitaires et autres communicants en tous genres.

UN CONSEIL : Laissez-vous simplement envahir, si vous les ressentez, par toutes les émotions positives que procure le plaisir du changement et du nouveau. Ressentez chez certains de vos professeurs, ce désir qu'ils ont de vous faire changer, de vous faire évoluer. Ne soyez pas réfractaires, l'émotion, dans ces cas-là est souvent un plaisir, c'est donc, là aussi, une façon de participer activement à vos apprentissages.

2/ Le sentiment de compétence

Le sentiment de compétence est associé dans le ressenti des enfants à la confiance en soi. Or cette confiance en soi se construit ou se détruit en grande partie d'abord par le discours familial. Par exemple, avez-vous grandi dans une famille où le discours de vos parents suscitait de la confiance ou de la défiance ? Bien sûr, en ce qui vous concerne et connaissant vos parents, je connais la réponse à cette question. Mais ce que je voulais vous faire remarquer, c'est que la confiance en soi n'est pas une qualité innée, mais qu'elle est développée dans le cadre familial. Dans les familles puis dans l'environnement scolaire, le discours ne sera pas le même suivant si l'enfant est considéré comme un être primaire ou comme un adulte en devenir avec un potentiel à fructifier.

Cette caractéristique pourra ensuite, tout naturellement, se prolonger à l'âge de la vie sociale.

UN CONSEIL : Dès que vous le pourrez, essayez de repérer la façon dont on s'adresse à vous. Vous verrez bien des différences. Essayez également de mériter dans votre attitude un discours de confiance. Celle-ci stimulera votre sentiment de compétence personnelle qui vous sera bien utile pour cultiver vos ambitions et les mener à bien.

Si on revient à l'École, les professeurs savent, eux aussi, que leur manière de s'adresser aux élèves peut induire, ou non, la confiance en eux qui les aidera à réussir dans leurs études. Les meilleurs d'entre eux, comme le précise Miche Serres dans son livre « La Petite Poucette » interagissent avec ce qu'il appelle la « Présomption de compétence » et installe ainsi un sentiment de confiance réciproque entre le maître et l'élève. Ce dernier sait ce que peut lui apporter le professeur et le professeur sait ce qu'il peut transmettre à son élève. Il s'agit donc là, d'une espèce de contrat moral, qui prélude, tout naturellement, aux meilleures conditions de transmissions possibles.

La question du sentiment de compétence est récurrente et apparaît souvent elle aussi, dans les bulletins trimestriels sous la forme bien connue : « Vous manquez de confiance en vous ». Cette remarque ne veut rien dire de précis, mais elle est, ensuite souvent reprise par les familles, ce qui donne l'impression d'un martèlement pouvant devenir un véritable fardeau qui peut écraser bien des personnalités et condamner nombre d'enfants à stagner et à rester dans la médiocrité. En revanche, l'élève qui s'attribue ou à qui l'on attribue un sentiment de compétence, et donc de confiance en soi, participe plus activement en classe, se révèle généralement plus créatif, s'engage davantage dans ses activités d'apprentissage, prend plus de plaisir au travail scolaire et sait mobiliser plus efficacement ses ressources. Il a tendance à persévérer davantage dans la difficulté, recherche ses erreurs, et n'hésite pas, sans vergogne, à demander de l'aide au moment opportun. Rien d'étonnant donc que cet état d'esprit le conduise à mieux réussir. De plus, son image personnelle de compétence peut s'en trouver positivée et donc déboucher sur une spirale vertueuse. Par ailleurs, l'estime de soi, qui est le corollaire de ce sentiment, est un facteur de projets structurés et de bonnes conditions de collaboration dans le travail.

UN CONSEIL : Chacun de nous a en soi un potentiel réel qui lui est propre. Il suffit de le prendre en compte, de le laisser se révéler, de le valoriser et ainsi de le faire fructifier. C'est cela avoir la conscience de ses compétences. Mais attention à ne pas confondre le sentiment de compétence avec la prétention ou la mégalomanie…

3/ le statut de l'erreur
Et quelques autres remarques

À propos de l'erreur, Saint Augustin parlait de « Felix culpa », la faute bienheureuse. Il faisait allusion au caractère positif que peut revêtir l'erreur. Celle par laquelle on apprend. Celle qu'il faut faire pour permettre d'avancer. Je voudrais donc, dans ce chapitre, contribuer à donner à l'erreur scolaire, l'erreur faite dans le cadre de l'école un autre statut que celui qui a longtemps été le sien c'est-à-dire l'amalgame avec la faute. On le sait, personne n'est infaillible « errare humanum est » disaient les Latins : l'erreur est humaine. Il est grand temps aujourd'hui de comprendre que bien souvent c'est aussi par l'erreur qu'on avance. À condition de ne pas s'enfoncer « diabolicum perseverare ».

Dans son livre « Un merveilleux malheur », Boris Cyrulnik parle de « Résilience », une notion empruntée à la physique qui évoque ici, en l'occurrence, le potentiel que peut avoir chacun de nous à rebondir et à repartir plus fort après une chute. Partant de son exemple personnel, il parle de ces vies d'abord cassées, puis reconstruites et consolidées pour être transcendées ensuite. Pour lui, la résilience, c'est la hauteur à laquelle une balle rebondit après avoir été frappée sur le sol. C'est l'illustration qu'il propose pour évoquer cette qualité propre à celles et ceux qui savent ou ont su rebondir après une erreur de vie.

Jadis, la culpabilisation était de mise à l'École. Maintenant, les professeurs ont bien compris et partent du principe qu'il vaut mieux commettre des erreurs que rien du tout, pour peu que celles-ci ne deviennent pas des fautes, c'est à dire, pour peu qu'on ne s'enfonce pas dans l'irréparable.

UN CONSEIL : Cette remarque me fait penser à l'intérêt qu'ont les élèves à dialoguer avec leurs professeurs. Un bon enseignant doit savoir, n'en doutez pas, adopter un rapport de confiance avec ses élèves, un rapport de « présomption de compétence » comme nous l'avons vu plus haut. Le dialogue, on le sait, est l'enveloppe de l'apprentissage. Un cours ne peut pas se résumer à un cadre formel, dans une durée de temps limité. Il doit nécessairement susciter des questionnements, des réflexions dont il est bon de pouvoir débattre ensuite avec le professeur. Apprendre au lycée est bien une question de collaboration et notamment de relation bipolaire (je l'ai déjà dit, mais j'insiste). Pour résumer : n'hésitez pas à errer dans l'erreur, et à accepter l'échec en sachant malgré tout en sortir plus riche. Un philosophe contemporain,

Charles Pépin nous dit que c'est quand ça ne marche pas qu'on peut comprendre comment ça marche !

La leçon à retenir : c'est qu'à l'école, toutes les méthodes sont bonnes pour apprendre, y compris par l'erreur et l'échec. Il faut donc, par principe, accepter de se tromper sans pour autant culpabiliser, mais en sachant en tirer parti. Retenez donc la définition qu'a donnée un humoriste de l'expérience : « C'est le nom que l'on donne à nos erreurs ».

4/ Analysez jeunesse !

Plus vous allez avancer dans vos études, plus on vous demandera de vous comporter de façon autonome, c'est-à-dire d'avancer vos idées et de construire votre personnalité à partir de vos caractéristiques propres. L'analyse en est le chemin. Dans son ouvrage : « Dans le jardin des mots », l'académicienne Jacqueline de Romilly nous dit : « Analyser un texte ou un discourt, c'est chercher à repérer des éléments qui se recoupent, qui sont mis en relation par l'auteur et qui peuvent donner du sens à ce qui a été dit ou écrit ». Analyser, c'est donc chercher à comprendre ; et à ce titre, c'est un exercice intellectuel. On recueillera et on collectera des idées, des mots ou des éléments caractéristiques d'un contenu parlé ou écrit, qui s'accordent ou qui ont la même signification ; et on cherchera à les mettre en relation, de façon à trouver ou comprendre l'idée générale de l'auteur, même si celle-ci est cachée.

Ainsi une analyse aboutit à un résultat qui n'est jamais bon ou mauvais. C'est une façon de voir personnelle, et le seul reproche qu'elle pourra supporter, c'est de ne pas être assez, ou mal motivée, c'est-à-dire être faite sans avoir recueilli suffisamment d'éléments significatifs.

Pour simplifier, on peut penser que les éléments qui étayent une analyse peuvent être assimilés à des algorithmes. Si l'on considère que les algorithmes répondent à des déductions du type : « Si… Alors… » : « S'il a dit…. Alors on peut penser que… » ou bien « s'il a répété… alors cela veut dire… ». Cette procédure d'algorithme étant destinée à faciliter l'exercice d'analyse.

UN CONSEIL : Analyser est donc chercher à comprendre à réfléchir. C'est, en même temps, un exercice scolaire et une manière de se bâtir des opinions personnelles, en sachant s'appuyer sur les idées des autres, sans avoir forcément à les suivre et les imiter. S'entraîner à l'analyse est un exercice intellectuel typique du lycée, il renforce notre maturité, notre perception et notre compréhension du monde qui nous entoure. C'est donc un signe d'indépendance d'esprit qui influe sur notre niveau de tolérance. N'oublions pas que le mot intelligence est issu du latin « intelligere » qui signifie comprendre. Presque tout peut s'analyser : une situation, un film, un texte, une personne, une émission de télévision. Même sa façon d'écrire et de former les lettres peut s'analyser : cela s'appelle la graphologie.

UN AUTRE CONSEIL : Pour plus de facilité, je vous propose la méthode « Quoi ? Pourquoi ? Comment ? »

Quoi ? Quels sont les repères qui peuvent me guider ? Qu'est-ce qui me paraît fort ? Ou insistant ?

Pourquoi ? Quelles idées cachent ces éléments et quelle signification puis-je leur donner ?

Comment ? Quelles sont les caractéristiques de ces repères ? Sont-ils nombreux ? Où sont-ils placés ? Sont-ils évidents ou discrets ?

On pourra également imaginer plusieurs niveaux d'analyse : Le plus simple ou premier niveau, qui relève tout ce qui paraît évident et facile à trouver. Le deuxième degré qui pourrait faire valoir les circonstances ou les conditions. Puis éventuellement un troisième degré, moins facile, qui pourrait prendre en compte d'autres facteurs plus structurels tels que les habitudes ou les usages. C'est ce qu'a fait Fernand Braudel dans son ouvrage « La Méditerranée » qui est un modèle pour les professeurs et une véritable innovation dans la pratique de l'analyse historique.

Enfin, si je devais vous convaincre de l'utilité de cette pratique, je le ferais en vous invitant à lire les programmes de lettres du lycée, qui dès la classe de seconde, précisent les objectifs : « Développer les compétences d'analyse des émotions que procure la langue française »

ENCORE UN CONSEIL : Adopter un réflexe d'analyse c'est adopter une attitude typique de lycéen. Souvent, les adultes trouvent que les adolescents ont un avis sur tout, que cet avis est tranché et qu'ils ne supportent pas la discussion. Cette attitude (pour peu qu'elle soit vraie) montre de façon positive qu'il s'agit là de l'âge des premières réflexions personnelles qui construisent la personnalité d'adulte. C'est donc une attitude normale et riche, qui correspond aux caractéristiques de votre âge et qui donne peu à peu un sens à votre vie. C'est aussi un élément de culture non négligeable qui saura vous distinguer dans un groupe et dans votre vie sociale ou professionnelle.

Donc, analysez Jeunesse !

5/ L'imagination muscle le cerveau !

Je me souviens qu'en 1968, pendant ce qu'on appelait « Les évènements de mai », l'un des slogans qui fleurissaient sur les murs des villes disait « L'imagination au pouvoir ! ». Cela voulait-il dire que le pouvoir politique auquel étaient souvent adressés ces tags manquait d'imagination ? Certainement, mais je crois aussi que l'auteur de ce bon slogan avait compris que le rêve était l'apanage de la jeunesse et qu'il voulait inciter aux manifestations et à la révolution pour sortir des réalités comptables des adultes. À cette époque, un autre slogan avait marqué les esprits, il disait « Il est interdit d'interdire ! ». Il s'agissait bien, là aussi, d'ouvrir à l'imagination.

Il faut prendre conscience de cela et se dire que l'imagination est la clé de la plupart des avancées techniques, technologiques, scientifiques ou artistiques, et que, si, à grande échelle, celle-ci venait à manquer dans les cerveaux, ou les modes de vie, l'évolution du monde pourrait bien se retrouver en panne et compromis. Heureusement, il n'en est pas encore question…

Pour vous, lycéens, il me semble donc nécessaire de protéger et de développer et faire fructifier cette faculté qui est un trésor en soi et qui est inégalement partagée.

UN CONSEIL : Laissez donc, de temps en temps, votre pensée aller là où elle veut aller, à la quête d'idées neuves ou originales, et prenez soin de « muscler » ainsi cette aptitude. On a besoin, partout et en tous lieux, de pouvoir imaginer, d'avoir des idées, d'inventer, de créer, et de changer l'ordre des choses. L'avenir n'appartient pas forcément à celui qui se lève tôt, comme le dit un adage bien connu, mais à celui qui s'est donné l'habitude de nourrir son imagination. Les grands hommes, les grands artistes ou tout simplement ceux qui réussissent, sont généralement des innovants et des inventifs. Il a été prouvé que cette aptitude intellectuelle pouvait s'étioler à force de ne pas être stimulée, et qu'en revanche, elle pouvait se développer si on l'exerçait : tout comme un muscle…

Donc : aussi souvent que vous le pourrez, donnez libre cours à votre rêverie, à vos pensées, et à votre imagination. Dans la tête, on a le droit à tout, personne ne peut intervenir pour nous museler. L'imagination, c'est l'endroit où l'on peut se permettre le plus de libertés, où le conformisme peut voler en éclats sans conséquence. Donc, profitez de cette liberté, envolez-vous et vous verrez que sur cent idées saugrenues, il y en a peut-être une, un jour qui changera votre vie.

Le monde de l'entreprise qui veut et doit toujours innover en permanence, a très bien compris cet enjeu en organisant des séances de « brainstorming », littéralement « tempête sous un crâne », c'est une pratique qui autorise chacun des participants à émettre, sans retenue, toutes les idées qui lui passent par la tête, y compris les plus loufoques. Puis un jour, l'idée qu'il fallait pour faire avancer les choses apparaît, quelquefois de façon parcellaire ou surprenante, mais là, on exploite et on avance…

Pour cela, réservez-vous des moments de pose, de rêveries. C'est en pensant à ces moments neutres de tout travail d'apprentissage que les inventeurs de l'École ont instauré la récréation : le moment où l'on recrée. Ils avaient compris qu'au cœur de ces moments, l'esprit était libre, riche d'imagination en tout genre. Le mot n'a vraiment pas été choisi au hasard.

UN CONSEIL : Partez pour l'aventure ! Sachez vous libérer de vos chaînes et de vos conventions ! Et vous verrez que cet espace de liberté vous conduira un jour vers un monde original et des résultats surprenants. N'oubliez pas : le cerveau est plastique, c'est à dire malléable, il se forme et se déforme éventuellement. Votre cerveau d'adulte sera donc à l'image de ce que vous en ferez lors de votre enfance : stérile ou bien très riche.

6/ Réconciliez-vous avec l'évaluation

Si, comme nous l'avons prétendu au début de cet ouvrage : « l'apprentissage est au cœur de l'école ». Nous pouvons dire également que, pour la plupart des élèves, l'évaluation en est le principal désagrément tant il est synonyme de stress et d'angoisse et de déceptions.

Cela est-il vrai pour vous ?...

L'angoisse dans l'attente du devoir surveillé ou de l'interrogation, les révisions, l'attente de la note, puis le résultat lui-même, génèrent un mal-être que les écoliers connaissent bien et redoutent au plus haut point. Et tous d'affirmer en bloc que l'école serait bien plus agréable s'il n'y avait pas les notes qui vont avec. Certaines méthodes d'ailleurs bannissent l'évaluation. En France, le pays de Descartes, nous nous accrochons.

Voyons ensemble s'il n'y aurait pas un moyen d'édulcorer un peu ces mauvais moments :

La docimologie est la science de l'évaluation, c'est donc, à l'école, l'étude de la manière dont seront évalués les élèves. C'est également la science du rôle et de l'importance qui est donnée au chiffre et à la valorisation chiffrée d'un travail. Mais ce n'est pas, tant s'en faut, une science exacte. Elle est soumise à des critères qui peuvent être fluctuants et même hasardeux s'ils ne sont pas, bien maîtrisés par les professeurs et, dans la tête des élèves, bien compris avant.

Nous allons voir que l'une des principales caractéristiques de l'évaluation est de pouvoir prendre des formes bien différentes. En effet, elle peut se dire

« certificative » lorsqu'elle donne droit à un diplôme. Ainsi le brevet et le baccalauréat sont certificatifs. Elle peut être également être « sommative » lorsqu'elle fait un bilan, comme la note moyenne du trimestre ou de fin d'année, sur le bulletin. Mais au quotidien, les professeurs l'utilisent comme repère d'apprentissage, elle se révèle alors « formative ou formatrice », et leur servira d'indicateur de travail ou de rythme à donner au cours.

Mais le problème : c'est que de toute évidence, dans votre tête, ainsi que chez certains professeurs également, cette mesure du résultat est vécue comme un service comptable : le professeur visant à atteindre la moyenne pour se rassurer, et l'élève attendant la validation de son travail comme un salaire. Pour les deux, il s'agit donc de chiffre, un peu comme au marché ou à la banque, où l'on se reporte systématiquement à des chiffres et des nombres. L'évaluation devient donc, en somme l'équivalent d'une bourse contenant de l'argent. Il y a donc déjà à l'école des riches et des pauvres. Est-ce normal ?

Cette façon de voir les choses dénature l'usage de l'évaluation, transformant votre travail en valeur marchande et le rendant ainsi incertain que stressant.

Certains ont donc pensé à supprimer l'évaluation, ou à la transformer, mais ce projet fait toujours débat aujourd'hui. De même que l'on n'achète pas toujours un produit par rapport à son prix ou sa valeur, mais parce qu'on en a besoin il serait certainement possible de redéfinir la mesure du travail en transformant l'idée de notation pure et simple en idée d'échange ou de base de dialogue. Ainsi verrait-on changer le rapport au travail scolaire, favoriser l'idée de projet, et alléger le stress relatif au « salaire » des élèves.

UN CONSEIL : Réconciliez-vous donc avec l'évaluation. Faites-en un objet d'apprentissage, de repère plus qu'une sanction. Ne lui donnez pas l'importance qu'elle a prise aujourd'hui dans tous les domaines où tout s'évalue, et se mesure. Il n'est pas si important que cela que tout soit classé, sachant que, quel que soit le mode, il y aura toujours un premier qui sera éternellement remis en cause et un dernier que personne ne veut être. L'École ne doit pas être un endroit où l'on trie, où l'on classe où l'on cultive la différence, où l'on souffre de n'être pas toujours le (la) meilleur(e), à mon avis, elle doit rester un endroit où l'on apprend et où l'on y prend du plaisir. Vous pouvez replacer cela dans votre conception de l'École, ça vous aidera à vivre mieux.

Profitant de ce chapitre sur l'évaluation de cette idée, je vous livre mon opinion sur le baccalauréat : je suis favorable à sa suppression, du moins sous sa forme actuelle. Il a considérablement changé de sens depuis que plus de 90 % des élèves l'obtiennent, ceci bien sûr sans critiquer l'élévation du nombre de bacheliers qui est plutôt une bonne chose pour notre société. Mais ne vaudrait-il pas mieux une certification sous forme de validation d'acquis, matière par matière, quel que soit la période, reposant sur une évaluation qui, prenant la forme d'une échelle, ne serait que positive et croissante jusqu'à atteindre l'objectif demandé, ou bien au contrôle continu, plus juste et moins onéreux, ainsi qu'il est exercé en EPS depuis plus de 20 ans ?

Le baccalauréat, tel qu'il est vécu, désorganise et neutralise complètement le mois de juin des lycéens, y compris pour ceux qui ne le passent pas. Par ailleurs, il donne l'occasion à des évaluations et des classements arbitraires et insensés entre les établissements scolaires. Il est curieux et paradoxal de voir combien notre école se veut égalitaire tout en étant si perversement compétitive et hiérarchisante…

L'évaluation est bien souvent trop perverse, par exemple, une moyenne en langue peut s'obtenir avec un 18/20 en Anglais et un 2/20 en Allemand… Trouvez une logique là-dedans ?

7/ Et les écrans dans tout cela ?

« Même s'il est attiré par tout ce qui brille, notre cerveau a besoin de calme, de lenteur et de continuité » c'est le psychiatre Christophe André, spécialiste des émotions qui nous rappelle cette loi de la nature.

Savez-vous que la révolution des écrans, qui s'opéra pour le grand public à la fin du 20e siècle, s'inscrit après l'invention de l'imprimerie comme étant le second bouleversement le plus important de l'histoire de l'humanité ?

Mais, à la différence de l'imprimerie, ce qui pose problème, c'est que cette révolution s'est produite tellement rapidement (à peine trente à quarante années) que, l'adaptabilité humaine qui fonctionne sur une échelle bien plus longue, n'a pas eu le temps de s'opérer. Ainsi, la vitesse de cette mutation risque de provoquer chez l'homme moderne de grosses difficultés à gérer les aspects pervers liés à cette révolution. Dans quelque temps, il est fort possible que l'on découvre que nos modes de vie n'auront pas pris le temps nécessaire à l'adaptation. Les conséquences et les inconvénients risquent donc d'être multipliés parallèlement au rythme du développement.

Ce chapitre sur les écrans a toute sa place ici, dans le cadre de l'apprentissage, car figurez-vous qu'en 2012, à Louhans (71), une poignée de responsables scolaires se sont rencontrés pour mettre sur pied une semaine de sensibilisation et de réflexion autour de ce problème qui commence à questionner pas mal de monde. Cette semaine prit la forme d'un forum et comporta 25 actions dans toutes les écoles et même hors du champ scolaire, en ville, à destination des parents. Faisant partie du comité d'organisation, j'ai beaucoup écouté les uns et les autres sur cette problématique, et j'ai particulièrement été intéressé par plusieurs intervenants, venus pour s'exprimer à cette occasion, notamment un philosophe, M. Guillot, un psychopédagogue : M. Benghosi, et un avocat : Me Chatelain, ainsi que nombre de professionnels chevronnés du monde de l'éducation et de l'enseignement. Les questions posées lors de ces trois conférences furent édifiantes de l'inquiétude que pose ce nouveau phénomène dans les familles. Les réponses furent claires également.

Naturellement, je ne peux pas être exhaustif sur ce sujet et sur tout ce que l'on a appris pendant cette semaine, mais je vous propose ici mon analyse sur ce qui m'est apparu comme étant une entrave grave à l'acte d'apprentissage.

État des lieux : Depuis la naissance de la télévision en noir et blanc, avec ses interruptions et ses pannes fréquentes (vous n'avez pas connu ça !), jusqu'à aujourd'hui avec une qualité et une sûreté d'image dépassant bien souvent le réel, les écrans ont dévoré nos vies. Ils sont partout ! Mieux ! On ne s'en lasse pas et ils se sont rapidement rendus indispensables : ordinateurs, DS, consoles de jeux, téléphones portables, DVD, GPS, télévisions avec chaînes multiples, etc.

Alors ! Quels sont les problèmes que posent les écrans par rapport à l'apprentissage ?

D'abord, ils sont clairs, variés, changeants et obéissants. On les modifie à notre gré et ils deviennent donc très attirants naturellement. Ils sont tellement fascinants et captivants qu'on leur délègue une grande partie de notre vie et de nos loisirs.

Cependant : méfiance ! Ils font partie intégrante aujourd'hui du domaine économique, et, en cela, ils sont devenus un lobby, c'est-à-dire une force commerciale influente comme un groupe de pression. Sachez-le, il n'y a pas une seconde d'écran qui soit gratuite. L'écran est donc d'abord une incitation à consommer. L'achat lui-même, le renouvellement, la maintenance, puis tout ce qu'il induit d'achat ultérieur par la publicité directe ou indirecte. Ainsi les écrans, quels qu'ils soient, nous apparaissent comme la quintessence parfaite de la société de consommation puisqu'ils nous incitent à consommer pour pouvoir consommer encore.

Les messages y sont souvent subliminaux, c'est à dire insidieux et imperceptibles, les discours y sont uniformes formatés et standardisés, et ils ont souvent un relent de propagande.

Mais le plus handicapant, c'est le temps passé devant ces écrans. On dit qu'ils sont chronophages (mangeurs de temps !) et ce temps est nécessairement pris sur un autre temps : soit le temps du repos, soit le temps du loisir, ou bien encore sur le travail scolaire. Une telle soumission ne peut donc pas être sans conséquences, soit sociales ou soit intellectuelles.

Martelé à ce point sur les sens des enfants à une période où ils sont particulièrement influençables, il est impossible que le contenu n'agisse pas sur les personnalités, les mentalités ou sur l'éducation. De nombreuses études commencent à voir le jour : les conséquences cognitives se mesurent déjà chez les plus fragiles d'entre eux : la perte d'imagination, le formatage de la réflexion, l'addiction parfois, s'ajoutent à l'envie à l'incitation ou à la consommation chez les « écrantivores ». Par ailleurs, répétons-le : n'oublions pas que le temps passé devant les écrans est pris sur le temps de travail et d'étude, sur le temps social, sur le temps de lecture. Il est pris également sur le temps d'ennui. « L'ennui est un stimulateur de création pour les enfants », disait Françoise Dolto, une grande psychopédagogue des années soixante. Puis elle ajoutait : « De l'ennui naît la réflexion, l'imagination, le retour sur soi, et toutes les questions qui en découlent. Or aujourd'hui, les enfants ne savent plus s'ennuyer. » Si Françoise Dolto revenait, elle pourrait constater que ses allégations sont encore plus réelles aujourd'hui depuis la multiplication des écrans. D'ailleurs la chanson populaire n'est-elle pas, elle aussi, quelquefois, un vecteur de sagesse : Thomas Dutronc l'exprime dans l'une de ses chansons : « On ne sait plus s'ennuyer ! » Je suis bien de son avis !

Ainsi, les écrans de toutes sortes ont pris nos vies en otage. Chez certains, les horaires de la télévision dictent l'emploi du temps et les jeux vidéo façonnent souvent le comportement et la personnalité des enfants qui en abusent. Certains d'entre eux en arrivent même à confondre la réalité avec la fiction. En 2008, se déroula le procès du tristement célèbre « gang des barbares », où une vingtaine de jeunes gens de la banlieue furent jugés pour un enlèvement qui se termina en un meurtre odieux. Morgan Sportès relate cette histoire dans son livre « Tout ! tout de suite ! » et souligne que lors des aveux de certains accusés, on a relevé l'influence des écrans dans la dérive de ces jeunes devenus des criminels et lourdement condamnés.

Il faut donc le savoir, les écrans peuvent devenir insidieux, pernicieux, manipulateurs ou bien subversifs. Il est donc temps de s'interroger, comme le suggère M. Guillot, sur ce qu'il y a derrière : « Qui fait quoi ? Et pourquoi ? » La réponse à ces questions montre qu'il y a toujours, de l'autre côté de l'écran, quelqu'un qui sait tirer les marrons du feu, c'est-à-dire profiter de la situation… Retenez bien ceci : le pouvoir des médias et le pouvoir par les médias sont aujourd'hui parallèles au pouvoir de l'argent et de la manipulation.

UN CONSEIL : Méfiance : Ici, je veux émettre un message clair : la solution n'est sans doute pas de supprimer les écrans, mais d'avoir un regard critique et un recul nécessaire pour ne pas perdre le sens de la mesure et de la réflexion.

Les écrans doivent exister pour servir les gens et non pas pour les asservir en servant les intérêts de ceux qui sont derrière. Une véritable gestion intelligente doit s'opérer dans leur utilisation. Le consommateur doit se mettre à l'abri de tout abus et de toute manipulation commerciale, politique, culturelle, confessionnelle ou autre… Bref, de toute tyrannie. Dans de telles conditions d'utilisation, lorsque l'on sait qui est le maître et qui est l'esclave, la pratique des écrans pourra nous permettre une ouverture incroyable vers le monde, la vie des autres et bien d'autres choses encore. Mais est-ce utile de m'étendre ici ? Vous avez beaucoup plus d'arguments que moi à faire valoir…

Chapitre 7
… Et maintenant : la leçon

Nous arrivons à présent au moment crucial de ce travail : l'application concrète et pratique de toute cette théorie. C'est le moment de la leçon.

Va-t-elle vérifier tout ce que je vous ai dit jusque-là ? Va-t-elle vous intéresser, vous motiver, allez-vous la lire ? Comment ? Avec quelle attention ? Va-t-elle croiser l'un de vos projets ? Allez-vous la retenir ? Toute ? Partiellement ?

Autant de questions qui valideront, ou non, ma démarche.

Je vous la livre donc : il s'agit de s'appuyer sur une histoire, donc quelque chose qui peut être en partie inventé, mais qui part d'un mythe : le mythe d'Œdipe, qui nous aidera, comme un subterfuge, à retenir un mot de vocabulaire.

Trois questions nous guideront :

1/ Savez-vous ce qu'est un laïus ?

2/ Connaissez-vous, dans la mythologie grecque, le mythe d'Œdipe ?

3/ Voulez-vous savoir quelle relation il existe entre le mot « Laïus » et le mythe d'Œdipe ?

Alors, venez avec moi !

Cette histoire se déroule entre les deux guerres mondiales, aux environs des années 1930. Deux professeurs faisant partie du jury du concours d'entrée à l'École Normale Supérieure se rencontrent pour dîner et échangent quelques propos sur les copies qu'ils ont à corriger et à noter. L'un des sujets du concours était : « Imaginez la lettre qu'aurait pu écrire Œdipe à feu son père, sur la fin de sa vie. » Sujet court et clair, mais qui nécessitait au minimum de bien connaître le mythe d'Œdipe.

Tout d'abord, pour vous aider à comprendre, il faut savoir que les mythes grecs ont souvent une équivalence dans la Rome antique. Et les noms des héros se voient ainsi prendre une consonance latine. Pour l'histoire qui nous concerne, le père d'Œdipe, roi de Thèbes, qui s'appelait Laïos en Grec, devint donc Laïus en Latin. On verra l'incidence de cette adaptation plus loin, au moment du dénouement.

Ainsi donc, Laïus était roi de Thèbes et avait pour épouse Jocaste qui, malheureusement, ne pouvait pas lui donner d'enfant. Pas d'enfant pour un roi : ça voulait dire pas de descendance, pas de succession dynastique.

Par ailleurs, comme pour conjurer le sort, le couple avait appris pas l'oracle Tirésias, que s'ils avaient un héritier, celui-ci tuerait son père et épouserait sa mère. Il n'y avait donc rien d'encourageant.

Laïus décida donc de répudier Jocaste et de chercher une autre épouse avec laquelle il pourrait envisager de procréer. Mais avant de se séparer, les époux s'adonnèrent à un banquet plantureux assorti d'une sévère beuverie, au terme de laquelle, ils firent une dernière fois l'amour. Puis Laïus partit errant dans son royaume de Thèbes, laissant Jocaste à sa destinée, sans savoir qu'elle était tombée enceinte, suite à cette dernière étreinte.

L'enfant qui venait n'était plus désiré puisqu'il venait trop tardivement. Jocaste, qui avait rejoint le royaume de Corinthe d'où elle était originaire, décida donc de s'en débarrasser et le pendit par les pieds au soleil du mont Cithéron, afin qu'il dépérisse et qu'il meure. Mais un couple de Corinthe, découvrant le bébé pendu, décrocha l'enfant qui, de cette pendaison, garda les pieds terriblement enflés. Ce couple confia le bébé à Polybe, roi de Corinthe, qui, en le recueillant, lui donna le nom de « Œdipe » ce qui signifie « Pieds enflés » Œdipe grandit, devint adulte et, plus tard, au cours d'un déplacement en char, croisa, dans un étroit défilé, un autre char conduit par un homme plus âgé. Ce dernier somma le jeune homme de libérer le passage afin qu'il puisse continuer sa route. Œdipe refusa et défia l'homme en répondant qu'il n'avait d'ordre à recevoir que de son père. L'homme insulté descendit donc de son char, et provoqua le jeune Œdipe au cours d'un combat. Mais ce combat tourna court, car Œdipe, plus vaillant, tua son adversaire et put ainsi continuer sa route. Sans le savoir, Œdipe venait de tuer son père.

De retour à Thèbes, Œdipe se trouva confronté au Sphinx qui bouchait l'accès de la ville et interdisait l'entrée à tous ceux qui ne pouvaient pas répondre à ses questions. La question était en l'occurrence une énigme : « Quel est l'animal qui marche à quatre pattes le matin, à deux pattes à midi et à trois pattes le soir ? » Œdipe n'hésita pas une seconde et répondit « L'homme se déplace à quatre pattes quand il est bébé, à deux pattes quand il est adulte et à trois pattes avec sa canne quand il est au soir de sa vie ! » Le sphinx était donc vaincu, à la grande joie des habitants qui couronnèrent leur héros roi de Delphes et lui choisirent Jocaste pour épouse, ignorant le lien de filiation en eux deux.

Sans le savoir, Œdipe venait d'épouser sa mère avec laquelle il eut quatre enfants, dont Antigone qui inspira plus tard beaucoup de tragédies classiques.

L'oracle avait donc vu juste : Œdipe avait bien tué son père et épousé sa mère. Un détail au passage : plus tard, par référence à ce mythe, Freud, dans son traité de psychanalyse, qualifia de « complexe d'Œdipe », ce penchant qu'auraient les petits enfants, filles ou garçons d'être attirés(es) par le parent du sexe opposé.

Alors quel rapport avec nos deux professeurs, jury du concours de Normale Sup. qui, rappelons-le, devisaient sur les copies qu'ils avaient à corriger ?

Eh bien, nous y voilà ! L'un demanda à l'autre : « Alors mon cher collègue, quel est votre sentiment sur les devoirs de nos étudiants, concernant la lettre qu'aurait pu écrire Œdipe à son père ? » Et l'autre répondit : « Ah ! mon cher ! des devoirs longs et rasoirs : du Laïus, du Laïus et encore du Laïus ! » Regrettant que les candidats se soient bornés à ne parler que du père, pendant des pages et des pages.

Et c'est ainsi que, depuis ce jour-là, un laïus est devenu un discours long et ennuyeux. C'est la définition qu'en donne aujourd'hui le dictionnaire…

Voilà donc la leçon en question. Celle que je voulais vous apprendre. Comme toutes les leçons reçues à l'École, vous la retiendrez, ou bien vous l'oublierez très vite. Avez-vous même pris la peine de la lire ?

En tout cas, si jamais vous la conservez dans votre culture, comprenez que c'est d'abord parce qu'elle vous aura sans doute interpellé, puis intéressé, c'est-à-dire qu'elle aura croisé l'un de vos projets.

C'est peut-être également parce que le jeu d'associer deux anecdotes peut la rendre plus attractive et peut également être un accès à une stratégie et faciliter les moyens d'une opération mentale pour la retenir. « Cette histoire vaut bien un fromage sans doute ! » comme l'aurait dit notre bon La Fontaine… Le vaut-elle donc ?... À vous de répondre, mais les grands principes de l'apprentissage scolaire au lycée sont cachés dedans.

Conclusion

Arrivé au terme de ce travail, il ne me reste plus, armés de ces quelques conseils, qu'à vous souhaiter une scolarité heureuse et épanouie pendant ces trois années de votre adolescence ; ceci malgré les contraintes et les difficultés de cette tâche ; de profiter de ces années lycée, qui seront très importantes pour le reste de votre vie, de stimuler au maximum votre zone cérébrale accumbens (rappelez-vous, c'est la zone du plaisir).

Puissent ces lignes vous y aider ! Je sais, par expérience qu'on garde toujours un grand souvenir de sa période d'adolescence, c'est un stade important de la vie, où s'éveille et s'affirme peu à peu la personnalité qui sera la nôtre toute notre vie d'adulte. C'est une période que l'on juge difficile à passer, car les questions existentielles s'ajoutent aux difficultés scolaires. Mais ça peut être également une période infiniment riche et privilégiée, où l'on découvre une façon différente de percevoir son entourage. Période où l'on se forge d'autres rapports sociaux, d'autres amitiés, période où l'on découvre de nouvelles libertés, notamment celle d'être un peu plus autonome.

Voyez-le autour de vous, si certains se laissent gagner par de mauvaises habitudes, d'autres prennent conscience d'une époque caractérisée par l'espoir, puisque tout y est envisageable.

Les parents sont souvent inquiets ou stressés devant les difficultés des ados, non seulement ils perdent un peu leur enfant, mais ils ont également l'incertitude de leur devenir. Or, la tension a la particularité d'être communicative et contagieuse. Elle est souvent vécue de façon trop négative et cette impression se transmet trop facilement. Apprenez donc, et ce sera là mon dernier conseil, apprenez donc à positiver et à prendre du bonheur, y compris à l'école. Ne passez pas à côté de ce qui vous paraîtra plus tard une chance de la vie.

Les connaissances procédurales sont celles qui répondent à la question « Comment ça marche ? ». C'était le but de ce travail. Si vous avez compris, alors vous aurez peut-être de meilleures chances d'être heureux dans votre lycée, et ainsi d'apprendre à l'être pour toute la vie. Eh oui ! le bonheur, ça s'apprend aussi !

Ah, j'allais oublier ! Savez-vous que le mot « École » vient de « Skholê » qui en Grec, signifiait « Loisir », étonnant non !

Au fond, cela ne viendrait-il pas de l'idée que la réussite, surtout la réussite scolaire, est toujours vécue dans le bonheur, et qu'on trouve toujours du plaisir à s'engager dans des voies qui nous valorisent ?

Serait-ce pour cela que nos anciens avaient assimilé l'École au loisir ? Allez savoir !

Postface

L'hiver 2012 - 2013 fut particulièrement long, froid et humide, me privant des sorties et balades que j'affectionne habituellement. Mais il m'a permis, au chaud et à l'abri, de me remettre à ce travail que j'avais commencé depuis quelque temps, alors que j'enseignais encore, et de le finaliser. Je n'aurai pas la prétention de dire qu'il s'agit là d'un testament, je préfère dire que je le vois comme une conclusion à ma carrière.

Il est né d'une expérience personnelle, professionnelle et familiale puis d'une réflexion autour de ce sujet : l'apprentissage, avec lequel j'ai entretenu très longtemps des relations très compliquées, mais au combien passionnantes. J'aurais pu aussi parler d'échec, je l'ai bien connu.

Vous y avez trouvé beaucoup de citations et de références, rendant ce texte peut-être un peu lourd et lassant à la lecture, mais j'ai choisi cette méthode pour m'adresser aux adolescents-lycéens qui me liront, et leur montrer de cette manière que les idées sont un peu comme les plantes : elles ont des racines et des parties aériennes. Elles ne peuvent pousser que bien enracinées dans la terre de notre culture, et ne peuvent grandir hors du sol que bien soutenues par les références aux autres, qui leur servent de tuteurs. Un peu comme des tomates par exemple…

Il est possible que ce soit cette méthode que vous conseilleront vos professeurs de lettres ou de philosophie pour vous faire obtenir les bonnes notes que je vous souhaite au bac.

Remerciements

Merci à M. Philipe Meirieu, Professeur d'Université à Lyon 2, de m'avoir inspiré largement, puis d'avoir bien voulu prendre de son temps précieux pour se pencher sur ce travail et le valider.

Merci également à tous ceux et celles qui m'ont apporté aide et soutien dans la relecture, les corrections ou les conseils divers : Jacky et Maud Bordet, Pierre Bizel, Franck Bessonnat, Jules Varlot, Maurice Guéry et naturellement un grand Merci à Pierre et Sylvie Gauthey pour tout le travail de mise en place et d'impression.

Table des matières

Imprimé en Allemagne
Achevé d'imprimer en avril 2023
Dépôt légal : avril 2023

Pour

Le Lys Bleu Éditions
40, rue du Louvre
75001 Paris

www.ingramcontent.com/pod-product-compliance
Lightning Source LLC
LaVergne TN
LVHW050327160826
845677LV00014B/3552

* 9 7 9 1 0 3 7 7 9 0 2 2 4 *